고통에는 뜻이 있다

일러두기

본문의 성경은 《성경전서 개역개정판》을 주로 사용하였습니다.
이 책은 고(故) 옥한흠 목사의 설교를 바탕으로 구성한 것입니다.
설교 영상/오디오 자료는 QR코드를 참고하십시오.

다르게 사는 사람들
고통을 넘어서라 2

고통에는 뜻이 있다

옥한흠 지음

국제제자훈련원

들어가며

저는 사실 고통에 대해 무슨 말을 할 자격이 없는 사람입니다. 제가 겪으며 맛본 고통이란 고통이 아닐 수도 있으니까요. 사람들이 빠져 있는 고통의 심연은 죄악의 심연만큼 어둡고 깊어서 그 밑바닥을 들여다본다는 것은 누구에게나 불가능합니다. 욥이 겪었던 고통을 맛보지 못한 자가 어찌 그를 두고 한마디인들 할 수 있겠습니까? 예레미야가 마셨던 쑥과 담즙이 어떤 것인지 모르면서 그의 고통을 논할 수 있을까요?

그럼에도 이 책을 과감하게 내놓게 된 이유는 하나님께서 고통을 당하는 자들에게 말씀하고 싶어 하시는 메시지를 담고 있다는 확신 때문입니다. 비록 인간 설교자는 고통에 대해 아는 것이 많지 않다고 할지라도 이 말씀을 전하게 하신 하나님은 그렇지 않으십니다. 하나님은 고통을 아시는 분이고 고통을 당하는 자를 위로하는 분이시며 고통을 통해서 자기 자녀를 유익하게 하는 분이십니다.

하나님은 종종 매우 초라한 도구를 가지고 아름다운 일을 하십니다.

보잘것없는 이 작은 책 한 권을 가지고 천하보다 귀한 생명들을 치유하시는 것을 보면 더욱 그런 생각이 듭니다. 우주 만물을 창조하신 그 큰 손으로 어떻게 이 조그마한 책을 들고 상처 입은 자들을 찾으시는지 저는 잘 모릅니다. 그러나 이 책이 하나님의 손에 들려 있는 것만은 틀림없는 것 같습니다. 지난 5년 동안 고통 속에서 몸부림치던 수많은 사람들이 하나님의 손에 들린 이 책을 보았다고 간증하는 것을 자주 들을 수 있었기 때문입니다.

작년에 워싱턴 D.C.에서 집회를 인도하고 떠나던 날 아침에 중년 부인 한 분이 선물 박스를 하나 전해 주었습니다. 집에 돌아와 열어 보니 예쁜 카드가 들어 있었습니다. 카드의 내용을 지금은 다 기억하지 못하지만 대충 이런 글이 적혀 있었습니다.

"목사님이 쓰신《고통에는 뜻이 있다》를 읽고 받은 은혜를 무엇으로 다 표현할 수 있겠습니까? 너무 많이 읽어서 책장에 손때가 까맣게 묻을 정도가 되었습니다. 매우 견디기 어려운 곤경에 처해 허우적거리고 있을 때 하나님께서는 목사님의 책을 통해 저에게 말씀하고 위로하시며 힘을 얻게 하셨습니다."

앞으로 이런 간증이 더 많은 사람들의 입을 통해 나왔으면 좋겠습니다. 주님께서 영광을 받으시는 일이면 많을수록 좋고, 그런 일들이 자주 일어날수록 바람직하기 때문입니다.

1988. 4

옥한흠

차례

I

변장된
축복

다가오는 고난을 두려워하지 마십시오.
고난은 문제가 아니라 기회이고 훈련이며 축복입니다.

시편 119:65-75

65 여호와여 주의 말씀대로 주의 종을 선대하셨나이다 66 내가 주의 계명들을 믿었사오니 좋은 명철과 지식을 내게 가르치소서 67 고난 당하기 전에는 내가 그릇 행하였더니 이제는 주의 말씀을 지키나이다 68 주는 선하사 선을 행하시오니 주의 율례들로 나를 가르치소서 69 교만한 자들이 거짓을 지어 나를 치려 하였사오나 나는 전심으로 주의 법도들을 지키리이다 70 그들의 마음은 살져서 기름 덩이 같으나 나는 주의 법을 즐거워하나이다 71 고난 당한 것이 내게 유익이라 이로 말미암아 내가 주의 율례들을 배우게 되었나이다 72 주의 입의 법이 내게는 천천 금은보다 좋으니이다 73 주의 손이 나를 만들고 세우셨사오니 내가 깨달아 주의 계명들을 배우게 하소서 74 주를 경외하는 자들이 나를 보고 기뻐하는 것은 내가 주의 말씀을 바라는 까닭이니이다 75 여호와여 내가 알거니와 주의 심판은 의로우시고 주께서 나를 괴롭게 하심은 성실하심 때문이니이다

변장된
축복

이 말씀을 선택한 것은 말씀에 대한 어떤 해석을 하기 위해서가 아니라 본문에 나타나는 몇 구절의 성경 말씀이 그리스도인과 고난의 문제를 다루는 데 대단히 의의가 있다고 생각했기 때문입니다.

그리스도인과 고난

저는 '고난'을 일컬어서 '변장하고 찾아오는 하나님의 축복'이라고 정의하고 싶습니다. 다시 말하면 겉으로는 고난같이 보이지만, 사실은 축복을 안고 오는 변장된 축복이라는 말씀입니다. 돛을 바로 올리면 배는 바람을 타고 안전하게 빨리 항해할 수 있습니다. 그러나 돛의 방향을 잘못 잡으면 바람이 배를 엉뚱한 방향으로 몰고 갑니다. 고난을 당할 때에 믿음으로 그것을 잘 이용하면 더 전진하고 더 큰 축복을 받을 수 있지만, 고난을 대하는 자세가 잘못되면 고난이 우리를 원하지 않는 방향으로 몰고 갑니다.

고난에 있어 중요한 것은 고난의 경중이 아닙니다. 고난을 대하는 우리의 태도에 따라 그 결과가 달라집니다. 고난을 믿음의 태도로 대하느냐, 불신앙적 태도로 대하느냐에 따라 결과가 달라진다는 말입니다. 그런데 이처럼 중요한 고난에 대처하는 자세는 고난을 당할 때 형성되는 것이 아닙니다. 평안할 때에 무의식적으로 형성되는 것이 일반적인 경향입니다. 그러므로 고난이 별로 없다고 생각되는 지금, 고난의 문제를 깊이 생각하고 거기에 대비하는 것이 지혜입니다. 아무도 자신의 앞날에 어떤 일이 일어날지, 무엇이 닥쳐올지 전혀 예측할 수가 없기 때문입니다. 그러므로 평안할 때 고난에 대한 자세를 어떻게 잘 다듬었느냐에 따라서 고난과 역경이 올 때 대처하는 자세가 달라집니다.

고난에 대한 자세가 바로 정립되어 있지 않은 상황 속에서 고난을 당하면 구약성경에 나오는 나오미처럼 "전능자가 나를 심히 괴롭게 하셨음이니라"(룻 1:20)는 식으로 모든 고난의 책임을 하나님께 전가시키는 태도를 갖기 쉽습니다. 실은 이것이 일반적인 우리의 태도입니다. 그렇지 않으면 다음과 같이 고백하는 다윗처럼 도피주의적인 태도를 취할 때도 있습니다. "두려움과 떨림이 내게 이르고 공포가 나를 덮었도다 나는 말하기를 만일 내게 비둘기같이 날개가 있다면 날아가서 편히 쉬리로다"(시 55:5-6).

홉킨스(Gerard Manley Hopkins, 1844-1889)의 〈수녀원〉이란 시 가운데 이런 구절이 있습니다.

나는 가고 싶어요
봄이 사라지지 않는 곳으로
무서운 우박이 날지 않으며

고통에는 뜻이 있다
●

몇 송이의 백합화가 피어나는

들판으로 가고 싶어요

누구나 이런 유혹을 받습니다. 고통이 우리 앞에 왔을 때 영원히 상
춘(常春)이 깃드는 백합화 핀 들판으로 가고 싶어하는 심리가 인간에게
는 있습니다. 성경적으로 보면 이와 같은 태도는 준비되지 않은 사람
들의 태도입니다. 하나님께 전가시키는 것이나 도피하려는 것은 신앙
의 자세가 아닙니다.

고통의 불가사의

사실, 인생의 문제 가운데 고난의 문제만큼 신비스럽고 심오한 것은
없습니다. 많은 학자들이 고통의 문제에 대해 크고 작은 책들을 수없
이 썼지만 아무도 그 고난의 깊이를 파헤치지는 못하였습니다.

의인들이 고통을 당하는 것을 보거나, 바르게 살고자 하는 사람들
이 실패하고, 남에게 천대를 받으며, 인생을 어둡게 지내는 것을 볼
때, 고통에 대한 신비는 도무지 풀 수 없는 수수께끼라는 생각이 듭니
다. 예레미야의 항의를 들어 보세요.

여호와여 내가 주와 변론할 때에는 주께서 의로우시니이다 그러나

내가 주께 질문하옵나니 악한 자의 길이 형통하며 반역한 자가 다

평안함은 무슨 까닭이니이까_렘 12:1

우리가 성경을 처음부터 끝까지 다 읽어 보지만 하나님은 이 고통
의 신비에 대하여 명확한 대답을 보류하십니다. 인간에게 일일이 가

르쳐 주시지 않습니다. 그래서 성경 이곳에서는 고난에 대하여 이렇게 말씀하고, 또 다른 곳에서는 저렇게 말씀하고 있는 것 같습니다.

예를 들면 욥기 4장 7-8절에서 욥의 친구 엘리바스의 말을 보면 "생각하여 보라 죄 없이 망한 자가 누구인가 정직한 자의 끊어짐이 어디 있는가 내가 보건대 악을 밭 갈고 독을 뿌리는 자는 그대로 거두나니"라고 하였습니다. 이것은 인과응보적인 견해입니다. 이 세상에서 당하는 고통은 모두 죗값이라는 의미입니다. 그러나 성경의 다른 곳을 보면, 고통은 죄와 관계가 없는 것처럼 말씀합니다. 나면서부터 소경 된 자를 보고 측은하게 생각한 제자들이 예수님께 묻습니다.

"주님, 저기 보세요. 날 때부터 소경이 되어 한 번도 빛을 보지 못한 저 불쌍한 사람은 누구의 죗값 때문입니까?"

주님께서는 "부모의 죗값도 아니요, 자기의 죗값도 아니다. 오직 하나님의 영광을 위함이니라"고 대답하시며 소경이 된 것과 죄는 상관이 없다고 하셨습니다. 욥의 고난도 하나님께서는 죄와 상관이 없다고 말씀하십니다.

또 다른 곳에서는 우리에게 찾아오는 고통은 사탄이 주는 것이라고 말합니다. 사탄은 우리에게 재난을 불러일으키고 병을 가져다주며 근심과 걱정거리를 잔뜩 안겨 주는 일들을 하고 있습니다. 우리는 성경에서 조상의 죄로 인하여 뿌려진 죄악의 씨앗을 후손들이 거두는 예도 봅니다. 이렇게 놓고 볼 때, 고난의 신비는 도무지 풀리지 않습니다. 하나님께서 보류시켜 놓으신 것입니다. 그래서 인간이 마음대로 고난에 대하여 말하거나 판단하지 못하도록 만드신 것이 하나님의 섭리인 것 같습니다. 그러므로 '왜 의인이 고통을 당하느냐?', '왜 이 땅에 고난이 있느냐?' 하는 문제에 대답하기에는 우리 지성이 너무 보잘것없고, 우리의 좁은 이해력으로는 그 문제를 다 포용할 수도 없습니다.

○ ○ ○ ○ ○ ○
핵심을 파악하라

고난의 문제를 해결하고자 종교마다 갖가지 해결책을 추구했습니다. 힌두교에서는 '갈마리'라고 하는 교리를 사용하여 '전생의 죗값대로 이 세상에서 고난을 받는다'는 인과응보의 교리로 사람들을 비참하게 구속합니다. 불교에서는 '열반'의 교리를 가르칩니다. 열반은 '촛불을 끄듯이 꺼진다'라는 뜻으로 욕망을 완전히 종식시키면 인간의 모든 고통이 사라진다고 합니다. 마치 스탠리 존스(E. Stanley Jones, 1884-1972)가 표현한 것처럼 두통을 없애기 위하여 머리를 자르는 것과 같은 형식입니다. 이것은 불교를 믿는 사람들로 하여금 현실을 도피하도록 만듭니다. 이슬람교는 고난을 알라신이 정해 준 철저한 '운명론'으로 가르칩니다. '한 번 네가 고난을 당하면 빠져나오지 못하므로 굴복하는 것만이 너의 의무이다. 신이 너를 그렇게 만들어 주셨으니 불평하지 말고 그대로 받으라'는 식의 숙명론을 가르칩니다.

현대의 에피쿠로스학파에서는 '향락주의'로 고난을 처리합니다. '현재의 고통을 잊을 수만 있다면 무슨 방법을 써서라도 망각해 버리자. 술을 마시든지, 쾌락에 빠지든지, 무엇을 하든지 잊어버리고 넘기면 그것이 가장 지혜로운 삶이다'라는 식으로 생각하게 합니다.

이와 같은 것을 새삼스럽게 소개하는 이유는, 사람들이 고난의 문제를 풀려고 아무리 아우성치고 머리를 싸매고 연구해도 풀 수 없다는 것을 말씀드리고자 함입니다. 고난의 수수께끼에 관한 하나님의 말씀은 고난의 정체를 규명하는 데 의미를 두지 않습니다. 고난을 통해 섭리하시는 하나님을 바라보는 데 의미가 있다고 말씀하십니다.

이것이 고난의 문제를 다루는 가장 중요한 핵심입니다. 즉, 고난 자체의 문제를 보지 말고 고난을 주신 하나님을 바라보는 것입니다. 본문 말씀은 다음과 같이 증언합니다. "주께서 나를 괴롭게 하심은 성실하심 때문이니이다"(75절).

우리가 생각해야 할 것은 우리를 괴롭히는 고난 그 자체가 아니라, 그 고난을 가지고 우리를 다루시는 하나님의 뜻이 무엇인가를 보아야 한다는 것입니다. 그러므로 우리가 어떤 고난을 당할 때 고난 자체에 눈을 돌리지 말고 그 배후에서 일하시는 하나님과 만나야 합니다.

ᵒ ᵒ ᵒ ᵒ ᵒ
참된 위로

고난을 당해 보신 적이 있습니까? 우리 중에는 마음에 근심과 괴로움을 안고 잠을 이루지 못하는 분들이 있습니다. 사업에 실패해서 말할 수 없는 진통을 겪는 분들도 있습니다. 우리에게는 푸른 꿈이 산산이 깨어지고 허리가 잘리듯이 괴로운 날들이 얼마든지 있습니다. 사랑하는 사람을 잃어버리는 고통으로 상처투성이가 된 자도 있습니다. 이들에게 잘못하면 우리도 욥을 찾아와서 괴롭히던 친구들처럼 되기 쉽습니다. 종종 마음대로 주석을 달고 판단하는 버릇이 있습니다. 사실 고난을 당하는 당사자만큼 괴로운 사람은 아무도 없습니다. 그 마음을 알아줄 사람이란 이 세상에 아무도 없습니다.

고난이란 당하는 자 외에는 아무도 참여할 수 없는 별개의 영역입니다. 잠언 14장 10절에는 "마음의 고통은 자기가 알고 마음의 즐거움은 타인이 참여하지 못하느니라"고 기록되어 있습니다. 욥은 자신의 고통에 대해서 판단하는 자들을 향하여 "너희는 다 재난을 주는 위로자"(욥 16:2)라고 말했습니다. 그렇습니다. 위로한다고 찾아와서는 더 가슴을 아프게 하는 경우가 많습니다.

우리는 고통을 당하는 자 앞에서 겸손해야 합니다. 고통은 거룩한 것입니다. 고통은 대단히 신비스러운 것입니다. 당하는 자만이 알기 때문에 함부로 말을 해서도 안 됩니다. 그래서 성경은 이런 고통당하는 자를 위로할 수 있는 좋은 방법을 제시해 줍니다.

"즐거워하는 자들과 함께 즐거워하고 우는 자들과 함께 울라" (롬 12:15). 우리가 고통 중에서 괴로워할 때, 웃으며 위로하는 말보다는 함께 울어 주면서 침묵을 지키는 사람에게 더 감사함을 느끼게 됩니다. 고통을 통하여 그 형제가 하나님을 만나고 그의 문제를 하나님께 맡기도록 도와주는 것이 중요합니다.

○ ○ ○ ○ ○ ○ ○ ○ ○ ○
고난을 선용하시는 하나님

우리 마음에 '하나님이 그의 자녀들을 고난의 풀무 속으로 통과하게 하시는 이유가 무엇인가?' 하는 의문이 생깁니다. 하나님은 고난을 완전히 제거해 주실 수 있는 능력을 가지고 계시면서도 그 능력을 왜 사용하시지 않는 것일까요?

《로빈슨 크루소》(Robinson Crusoe)라는 책에 보면 로빈슨과 프라이데이라는 철부지 아이가 다음과 같은 대화를 나눕니다.

> 프라이데이 : 하나님은 굉장히 전능하시고 능력이 많으시다고 하셨죠?
> 로빈슨 : 암, 그렇고 말고.
> 프라이데이 : 그렇다면 어째서 그렇게 능력이 많고 힘이 많은 하나님께서 마귀를 없애 버리고, 고통과 죄를 없애 버리지 않으셨을까요?

로빈슨   : (한참 생각하다가) 너, 참 지혜로운 말을 하는구나.
그렇지만 내가 하나 묻겠는데 왜 하나님은 날마다 악
을 행하면서 하나님을 불쾌하게 하는 인간을 전부 없
애 버리지 않고 기다리실까?

깊은 의미를 발견할 수 있는 대화입니다. 하나님이 이 땅 위에 고통을 남겨 놓으시고 질병과 무수한 비극들을 남겨 놓으신 그 신비를 철부지 아이들 같은 우리가 다 알 수 없습니다. 다만 그것을 허락하신 하나님을 믿음으로 신뢰하는 길밖에는 다른 도리가 없습니다. 하나님을 신뢰하는 믿음만 있으면 고난은 예방될 수 있고 개선될 수도 있으며 극복할 수도 있다는 것을 알아야 합니다.

여기서 우리가 자세히 다루어야 할 문제가 하나 있습니다. 자비로우신 아버지 하나님께서는 모든 고난을 성도의 유익을 위해서 선용하신다는 사실입니다. 그러면 어떻게 선용하실까요?

첫째, 우리를 깨닫게 하시는 데 선용합니다. 본문 말씀 67절에 보면 "고난 당하기 전에는 내가 그릇 행하였더니 이제는 주의 말씀을 지키나이다"라고 했으며, 71절에도 "고난 당한 것이 내게 유익이라 이로 말미암아 내가 주의 율례들을 배우게 되었나이다"라고 했습니다. 한마디로 '깨달았다'는 말입니다. 하나님께서는 돌아오지 않는 자를 돌아오게 하시고 죄를 범하는 자녀를 회개하게 하시며 영적으로 잠자는 자를 깨워 일어나게 하시는 방법으로 고난을 사용하십니다.

파스칼(Blaise Pascal, 1623–1662)은 "당신을 섬기라고 내게 건강을 주셨건만 나는 세상을 위해서 전부 다 써 버렸습니다. 이제 나를 일깨워 주시려고 나에게 병을 주셨습니다"라고 말했습니다. 우리에게 갑자기 질병이 오는 이유는 무엇인가를 깨우쳐 주시기 위함입니다.

C. S. 루이스(Clive Staples Lewis, 1898-1963)는 《고통의 문제》라는 책에서 "사람에 따라서 무서운 일이 일어나기 전에는 하나님께 귀를 기울이지 않는 습성들이 남아 있다. 그러므로 고통이란 것은 귀머거리에게 알아듣도록 하는 하나님의 확성기이다"라고 했습니다.

하나님을 떠나서 마음대로 사는 사람에게 잔잔하고 부드러운 음성으로 부르면 도무지 돌아오지 않습니다. 그래서 고통을 통하여 정신 차리게 하며, 잠자는 자를 일깨워 주고, 죄악에 묻혀 있는 자를 돌이켜 회개하게 합니다.

어느 성도의 가정에 어느 날, 외동딸이 아파트 4층에서 떨어졌습니다. 그런데 이런 끔찍한 사건을 통해서 예수님을 믿지 않던 남편이 회개하고 주님께 돌아왔습니다. 우리의 좁은 생각에는 "그 부인이 예수님을 열심히 믿는데 그런 끔찍한 일이 일어날 수 있는가?"라고 말하기 쉽지만 비상수단인 고통을 통해서 하나님과 만나는 사람들을 많이 봅니다.

이런 고통스러운 방법을 통해서 하나님께서는 "멀리 떠난 자녀여, 돌아오라!", "잠자는 자여, 일어나라!", "깨닫지 못하는 자여, 일어나라!"는 음성을 우리에게 들려주십니다. 그러므로 고난이란 우리에게 문제가 아니라 기회가 됩니다. 이것이 고난의 공식입니다. 그러므로 우리에게 찾아온 고통을 비판적이거나 부정적으로 생각하지 말고 밝은 눈으로 바라보아야 합니다. 이럴 때에 비로소 우리는 고통을 안고 찬송할 수 있습니다. 이것이 믿음의 자세입니다.

둘째, 고난은 하나님의 자녀다운 인격을 형성하는 데 절대적인 요소가 됩니다. 행복의 요소를 흔히 '쾌락과 기쁨'이라고 합니다. 그러나 쾌락은 좋은 환경의 결과이지, 반드시 하나님의 축복의 결과는 아닙니다. 우리의 행복보다 하나님이 더 중요하게 다루시는 것은 우리의 인격 형성입니다. 다시 말하면, 이 세상에서 우리가 돼지처럼 살이 쪄 카펫 위에서 뒹구는 동물이 되는 것보다 하나님의 일에 동참할 수 있고, 하나님의 거룩하심에 동참할 수 있는 인격이 되기를 원하십니다. 그러므로 때로는 우리가 원하는 것을 주지 않으시고, 우리가 원하는 아름다운 꽃이 만발하고 향기가 가득한 오솔길을 택하지 못하게 하십니다. 그 반대로 우리를 가시밭길로 끌어들여 인격을 형성시키십니다. 구하는 것은 주지 않으시고 엉뚱한 것을 통하여 연단시키시는 때가 있습니다. 이것은 하나님께서 보실 때 중요하다고 생각되는 것을 주시기 위해서 그 방법을 사용하시는 것입니다. 그리스도인에게는 하나님의 자녀로서 하나님을 닮는 인격 형성이 무엇보다도 중요합니다.

존 밀턴(John Milton, 1608-1674)은 40세에 시각 장애인이 되었고 아내를 잃었습니다. 이때 그가 쓴 글이 있습니다.

> "오, 주님! 이런 고통을 통하여 내 영혼이 수그러짐은 나의 창조자를 섬기기 위함이니이다. 고난은 하나님을 섬길 수 있는 인격을 위해서 필요한 것입니다."

참된 행복은 하나님의 인격을 바로 닮을 때 찾아온다고 예수님께서 말씀하셨습니다.

> 수고하고 무거운 짐 진 자들아 다 내게로 오라 내가 너희를 쉬게 하리라 나는 마음이 온유하고 겸손하니 나의 멍에를 메고 내게 배우라 그리하면 너희 마음이 쉼을 얻으리니 이는 내 멍에는 쉽고 내 짐은 가벼움이라_마 11:28-30

주님은 우리에게 쉼을 주길 원하십니다. 진정한 행복과 평화를 주길 원하십니다. 그러나 그런 선물을 우리에게 주시기 전에 한 가지 요구하시는 것이 있습니다. "내 멍에를 메라"는 것입니다.

'멍에'란 어떻게 보면 고통일 수도 있습니다. 또는 십자가일지도 모릅니다. 그 멍에를 맨 후에야 비로소 그 아래에서 인격이 형성됩니다. 예수님이 그 고삐를 잡고 조종할 때 우리는 하나님의 품에서 편히 쉴 수 있는 존재로 만들어집니다. 그 멍에를 지기 싫어하는 자에게 좋은 것을 주면 줄수록 하나님의 품에 있는 자녀가 아니라 훨훨 날아가는 들새같이 되어 버립니다. 하나님은 우리의 이런 근성을 너무 잘 아십니다. 그래서 멍에를 메는 고통을 통해서 편히 쉴 수 있는 아름다운 하나님의 자녀라는 인격을 형성시켜 주십니다.

본문 말씀 67절에도 "고난 당하기 전에는 내가 그릇 행하였더니 이제는 주의 말씀을 지키나이다"라고 하셨습니다. 고난 당하기 전, 실패하기 전에는 하나님의 말씀에 귀를 기울이지 않았고, 하나님의 뜻대로 살려고 하는 생각조차도 없었습니다. 그러나 고통을 통하여 멍에를 메고 주님을 따르는 길을 배우게 됩니다. 고통을 통하여 그 인격이 하나님께 순종하고 하나님의 법도대로 사는 인격이 됩니다.

고난의 훈련 과정

> 내가 가는 길을 그가 아시나니 그가 나를 단련하신 후에는 내가 순금같이 되어 나오리라_욥 23:10

에이미 카마이클이 의미 깊은 예화를 이야기했습니다. 그가 한번은 인도의 대장장이에게 "당신이 금을 연단할 때, 이것이 순금이 되었다는 것을 어떻게 아십니까?"라고 물었습니다. 지혜로운 그 대장장이는 "예, 금 속에서 내 얼굴을 볼 수 있을 때까지 연단합니다. 불순물이 섞여 있는지 알아보기 위한 방법은 그 속에 비치는 내 얼굴이 얼마나 정확하게 잘 보이느냐를 가지고 결정합니다"라고 대답했습니다.

하나님께서 우리의 인격에 자기 자신의 형상을 비추어 보십니다. 하나님께서는 고난이라는 연단을 통하여 찌꺼기는 없애고, 깎을 것은 깎고, 버릴 것은 버리도록 하신 후에 자신의 형상을 그 인격에서 찾으십니다. 이 일을 위하여 하나님께서는 우리에게 고통을 주실 때가 많이 있습니다. 병을 주시고, 마음에 진통을 겪게 하시며 어려운 일들을 통하여 괴로움을 당하게 하십니다. 하나님의 말씀을 들어 보세요.

보라 내가 너를 연단하였으나 은처럼 하지 아니하고 너를 고난의 풀무 불에서 택하였노라_사 48:10

테니슨(Alfred Tennyson, 1809-1892)의 시 중에, 사람의 인격을 쇠붙이에 비유하여 쓴 것이 있습니다. 우리의 인격을 쇠붙이에 비유하여 시를 쓴 것을 볼 수 있습니다.

쇠붙이를 벌겋게 용광로 속에 달구어서 원하는 형태로 두들겨 찬물에 담급니다. 원하는 형태로 만들어지지 않았을 때는 다시 달구고, 두들겨서 원하는 형태로 만들어 냅니다. 이것을 우리의 인격을 만드는 것과 연관시켜 보십시다. 타오르는 공포를 뜨겁게 달구어 숙명이라는 매로 두들겨 때립니다. 그다음에는 눈물에 담궜다가 하나님께서 사용하실 수 있을 때까지 고난을 통해 연단하십니다. 이렇게 고난을 통하여 하나님의 자녀로서 인격을 형성한다는 것은 그리스도인의 삶에 있어서 가장 중요한 핵심입니다.

하나님께서 신자에게 주신 사명 가운데 하나는 고통당하는 자를 위로하는 것입니다. 이 사명을 감당할 자격자는 이미 고통을 경험한 자가 아니면 안 된다고 성경은 가르칩니다.

예수님은 완벽한 하나님의 아들입니다. 그러나 고통당하는 인간을 위로하고 도우시기 위해서 친히 고통을 체험하셨습니다. 그러므로 오늘 우리 주변에 있는 수많은 사람들을 위로하기 위해서 우리 자신이 먼저 고난을 통해 위로할 수 있는 자격자로 인격이 형성되지 않으면 안 됩니다. 오늘날 그리스도인들에게 가장 큰 문제는 할 수만 있다면 고난을 회피하고 안일한 길을 통해서 그리스도의 사랑을 전하겠다고 하는 것입니다. 그러나 우리가 그리스도인답게 이 세상을 살며, 사랑이 부족한 자에게 사랑을 나누어 주고, 우는 자와 함께 울며 실패한 자의 손을 붙들고 일으켜 줄 수 있는 자격자가 되기 위해서는 고통을 통해서 인격이 형성되어야 합니다. 지혜로운 부모는 자녀를 키울 때 그냥 안일하게만 키우지 않습니다. 고통을 주면서 인격을 바로 형성시켜 줍니다. 그래서 큰 재목이 되어 쓸모 있는 인간이 되도록 양육합니다.

우리는 카루소(Enrico Caruso, 1873-1921)라는 세계적인 성악가를 잘 압니다. 그는 갑자기 졸도해서 죽었습니다. 그러자 그의 아내도 얼마 안 되어 자살을 했습니다. 남아 있는 철부지 자녀들은 얼마나 호강스럽게 자랐는지 자기 손으로는 신발도 신을 줄 몰랐다는 이야기가 있습니다. 자녀를 호강스럽게만 보살피는 것이 부모의 책임이 아닙니다. 하나님도 마찬가지이십니다.

고난은 문제가 아니라 훈련입니다. 당신에게 오는 고난을 겁내지 마십시오. 불안하게 생각하지 마십시오. 고난을 자기 팔자소관이라고 여기는 것은 불신앙입니다. 당신이 설령 실수하여 죄를 범해 고통이 왔다고 할지라도 하나님께서는 그것을 통하여 큰 유익을 주고자 하는 계획을 가지고 계십니다. 그러므로 고난은 문제가 아니라 기회이며 훈련과 축복입니다.

이제 고난을 보는 눈을 올바로 갖고 우리의 고난을 보다 긍정적이고 적극적으로 보아야 합니다. 하나님의 비밀한 계획을 바라보며 밝게 눈을 뜨십시오. 어떤 고통 속에서도 이 하나님을 찬양하며, 범사에 감사하는 하나님의 자녀가 되어야 합니다.

2

바다
가운데서

믿음을 가진 사람에게 인생은 수수께끼가 아닙니다.

마태복음 8:23-27

23 배에 오르시매 제자들이 따랐더니 24 바다에 큰 놀이 일어나 배가 물결에 덮이게 되었으되 예수께서는 주무시는지라 25 그 제자들이 나아와 깨우며 이르되 주여 구원하소서 우리가 죽겠나이다 26 예수께서 이르시되 어찌하여 무서워하느냐 믿음이 작은 자들아 하시고 곧 일어나사 바람과 바다를 꾸짖으시니 아주 잔잔하게 되거늘 27 그 사람들이 놀랍게 여겨 이르되 이이가 어떠한 사람이기에 바람과 바다도 순종하는가 하더라

바다
가운데서

우리는 나이가 들면 들수록 인생을 일컬어 수수께끼라는 말을 하게 됩니다. 우리는 어렸을 때, 어른들로부터 "너희들은 아직 어려서 잘 몰라. 크면 다 알게 돼"라는 말을 자주 들었습니다. 그러나 막상 나이를 먹고 인생을 살다 보니까 더욱 모르는 것이 인생이요, 안다고 하는 그 자체가 사실은 모른다는 것을 다른 면에서 표현하는 것에 지나지 않는다는 사실을 깨닫게 됩니다.

우리가 탐구하면 할수록, 더 많은 지식과 설명을 얻으면 얻을수록, 더 알 수 없는 것이 '인간이 산다'는 것입니다. 솔로몬 왕이 현대인에게 정곡을 찌르는 말을 했습니다.

"지혜가 많으면 번뇌도 많으니 지식을 더하는 자는 근심을 더 하느니라"(전 1:18). 과연 맞는 말입니다. 왜 알면 알수록 번뇌가 많아집니까? 인생이라는 것 자체가 알면 알수록 모르게 되고, 살면 살수록 더 신비스럽고 해답이 없는 것이기 때문입니다. 그러므로 지혜가 많으면 번뇌도 많아지고 지식이 많으면 생각이 많아지기 마련입니다.

∘ ∘ ∘ ∘ ∘ ∘
인생의 바다

흔히들 인생을 바다로 많이 비유합니다. 예수 그리스도는 제자들을 데리고 갈릴리 바다를 건너가셨습니다. 이 갈릴리 바다에서 일어난 사건은 막연히 그들이 풍랑 속에서도 주님의 도우심으로 잘 건너갔다는 이야기를 우리에게 알려 주기 위해서만 기록한 것이 아닙니다. 그리스도인들이 인생 항로를 건너갈 때에 경험할 수 있는 한 단면을 보여 주기 위하여 기록한 것입니다.

갈릴리 바다는 일종의 신비스러운 바다입니다. 언제 어디서 폭풍이 불어닥쳐 올지 전혀 예측할 수 없는 이상한 바다입니다. 갈릴리 바다에는 일기예보가 없습니다. 왜냐하면 그 지형 자체가 폭풍이 몰려올 어떤 조짐도 없이 갑자기 불어닥치기 때문입니다. 마치 인생을 사는 것과 같습니다. 우리는 언제 무슨 일이 일어날지 전혀 알지 못하고 살아갑니다. 어린이들이 물을 두려워하는 것처럼 우리 모두가 인생의 바다를 은근히 두려워하고 있습니다.

이 인생의 바다는 불안과 공포를 안고 있습니다. 유리같이 맑은 바닷길을 순풍에 돛을 달고 힘차게 달려가면서도 선원들은 마음속에 '폭풍이 불어닥치지 않을까?' 하는 걱정과 불안을 안고 있습니다. 이처럼 현재 우리의 생활이 편하고 걱정이 별로 없어도 마음 한구석에는 형통한 것이 오히려 불안의 요소가 됩니다. 우리 중에 어떤 분은 이미 갈릴리 바다의 제자들처럼 폭풍을 만나 허우적거리고 있습니다. 우리가 어떤 상황에 있든지 한 가지 분명한 사실은 우리 모두가 인생의 바다 한가운데에 있다는 것입니다. 그리고 이 바다의 풍랑에 시달리며 멀미를 앓고 있다는 것입니다.

'인간이 살아간다는 것이 무엇인가?'에 관해 성경을 통해 잠시 생각해 봅시다. 그러나 생각하면 할수록 잘 모르겠다는 대답밖에 할 말이 없는 것 같습니다. "하나님이 세상을 이처럼 사랑하사 독생자를 주셨다"(요 3:16)라고 말씀하셨는데 왜 고해(苦海)와 같은 인생 바다에 그의 자녀들을 던져 놓으시고 건너가라고 하시는 것일까요?

제자들은 예수님을 모시고 갈릴리 바다를 건너갔습니다. 그런데 예수님과 함께 가는 바닷길에 폭풍이 일어났습니다. 예수님을 모시고 건너가면 오히려 일어나던 풍랑도 잔잔해져야 되는데 예수님을 모시고 가는 길에 왜 폭풍이 일어나 죽을 고비를 넘겨야 했는지 얼른 이해가 안 됩니다. 예수님을 믿으면 누구나 다 불행했던 삶이 행복해지고 인생의 고통이 평안으로 바뀐다고 생각합니다. 그러나 예수님을 모시고 가는 인생길에 어려운 일들이 생기는 경우를 우리 주변에서 많이 봅니다.

교회에 나온 지 3년 정도 된 부인이 인생의 바다 한가운데서 풍랑을 만났습니다. 그 부인은 남부럽지 않은 유복한 환경 속에서 예수님을 믿어 그 믿음이 잘 성장하고 있었습니다. 소그룹 모임에도, 제자훈련에도 열심히 나와서 배우고 있었습니다. 그런데 사업 때문에 나간 남편이 거래하는 사람들과 약간의 술을 마시고 저녁 늦게 집에 돌아왔는데, 돌아오자마자 세상을 떠났습니다. 40세도 안 된 젊은 나이에 말입니다. 이런 상황에 대하여 우리는 뭐라고 설명해야 합니까? 누가 만족할 만한 대답을 제시하며 설명할 수 있겠습니까? 저는 장례식을 치르면서 미망인에게 겨우 한마디밖에 하지 못했습니다.

"부인! 남편은 떠나도 예수님은 곁에 계십니다." 부인이 고개를 끄덕였지만 정말 알아듣고 끄덕였는지는 잘 모르겠습니다.

예수님을 믿으면 만사가 형통하리라고 생각했는데 이런 어려운 일을 당하는 걸 보면 알다가도 모를 것이 인생이라는 생각이 듭니다. 더욱이 본문에서 이상한 것은 제자들이 풍랑을 만나 물을 퍼내며 비명을 지르고 있는데 예수님은 모르는 듯 주무시고 있었다는 점입니다. 이것도 우리는 이해 못할 이야기입니다.

생을 살다 보면 어려운 일을 많이 당하게 됩니다. 파산을 당할 때도 있고 사업이 실패할 때도 있으며 사랑하는 이가 먼저 세상을 떠날 때도 있습니다. 아침에 멀쩡하던 아이가 불행을 당할 때도 있습니다. 정말 우리는 한 치의 앞을 예측할 수가 없습니다. 그런데 우리가 이런 비극을 당하여 몸부림칠 때 하나님께서 무관심하신 것처럼 느껴질 때가 많이 있습니다. 아무리 부르짖어도 하나님은 어려운 상황을 바꾸어 주시기는커녕 오히려 어두운 절망의 골짜기로 빠져들어 가도록 내버려 두시는 것같이 보일 때가 더 많습니다. 그럴 때 누구나 "야! 정말 모르겠구나" 하고 말합니다. 솔직하게 우리는 잘 모릅니다.

사실 인생의 사사건건에 대하여 '왜?'라는 질문을 던지고 해답을 요구한다면 약간의 대답은 얻을 수 있을지 모르지만 그것이 온전한 진리는 될 수 없습니다.

욥이라는 사람이 불행을 당하여 고통하고 있을 때 그의 친구 세 사람이 찾아와서 위로하려고 했습니다. 그러나 그들은 욥의 어려운 형편에 대하여 각자 자기 나름대로 판단하고 설명했습니다. 그렇지만 전부 다 잘못된 견해일 뿐이었습니다. 하나님께서 나중에 그들을 향해 진노하셨습니다. 완전히 아는 것처럼 떠든 그들을 좋게 보셨을 리가 없었던 것입니다.

우리는 어떤 일을 당할 때마다 인간적인 설명을 구하려고 합니다. 그러나 그럴 때마다 더 미궁으로 빠지고 맙니다. 불행과 행복이 함께 공존하고, 의와 불의가 함께 병행하는 이 땅의 상황을 우리는 완전히 설명할 수 없습니다. 지구 한 모퉁이에서는 양식이 남아서 버리는데 다른 한 모퉁이에서는 하루에 한 끼도 먹지 못하여 사람들이 기아 상태에서 죽어 가는 현실의 모순을 우리는 다 설명할 수 없습니다. 아름다운 맨션이 있는 곳이 있는가 하면 한숨과 탄식이 끊이지 않는 양로원이 초라하게 서 있는 곳이 있습니다. 이러한 세상을 어떻게 설명할 수 있겠습니까?

그리스도인들은 인생을 지나치게 단순화시켜 버리는 경향이 있습니다. 이것은 경솔한 것이라고 생각합니다. 우리가 사는 인생은 절대로 그렇게 단순한 것이 아닙니다.

세상의 빛이 되신 예수

본문은 제자들이 풍랑을 만나서 고생했다는 이야기를 하려는 것이 아닙니다. 폭풍을 만난 그들에게 예수라는 존재가 어떤 의미를 가진 분이었는가를 보여 주기 위한 것입니다. 예수님만이 인생의 신비를 밝혀 주실 수 있는 세상의 유일한 빛이십니다. 그분은 제자들에게 풍랑이 왜 일어났는가를 설명하지 않으셨습니다. 제자들이 갈릴리에서 왜 그와 같은 고생을 했는가에 대해서도 주님은 침묵하셨습니다. 그러나 중요한 것은 예수님이라는 분이 거기에 계셨다는 것입니다. 그분 안에 모든 해답이 감추어져 있습니다. 예수님에 관한 중요한 몇 가지를 같이 생각해 보도록 합시다.

첫째, 예수님은 제자들과 함께 갈릴리 바다를 동행하셨습니다. 주님은 이처럼 우리를 혼자 두지 않고 늘 동행하십니다. 우리의 인생 항로에 동행하십니다.

둘째, 주님은 풍랑 속에서 조용히 주무시는 모습을 보여 주셨습니다. 하나님의 자녀가 인생의 풍랑을 만나면 어떤 태도를 취해야 될 것인가를 그는 모범으로 보여 주셨습니다. 풍랑이 주님의 평안을 깨뜨리지 못했습니다. 이것은 바로 예수님을 모시고 인생의 바다를 건너가는 사람은 누구나 어떤 일을 만나든지 그렇게 해야 한다는 것을 모범으로 보여 주신 것입니다.

R. L. 스티븐슨(Robert Louis Stevenson, 1850–1894)이라는 소설가가 배를 타고 남태평양을 여행할 때 겪은 경험을 기록한 것을 보았습니다.

스티븐슨이 여객선을 타고 가는데 갑자기 폭풍이 일어났습니다. 처음에는 그저 잠깐 지나가는 것이겠지 생각했는데 갈수록 배는 무섭게 흔들리고 많은 사람들이 걱정에 빠졌습니다. 스티븐슨은 참다 못해서 자기도 모르게 뛰어나와 갑판에 올라가서 선장을 찾아갔습니다. 선장에게 상황을 물어보려고 했습니다. 그런데 그가 선장의 얼굴을 보는 순간 공포의 고통이 한순간에 사라지는 것을 느꼈습니다. 왜냐하면 선장의 얼굴이 얼마나 평안한 얼굴이었는지 태평스럽게 미소까지 띄고 있었기 때문입니다. 그는 객실로 돌아가서 사람들에게 "제가 선장의 얼굴을 보았는데 염려할 것이 전혀 없습니다. 그가 염려하지 않고 있습니다"라고 말했습니다. 이 말을 들은 객실에 있던 모든 사람들이 안심했습니다.

인생의 바다 가운데서 풍랑은 자주 일어납니다. 그때마다 우리는 뱃전에서 평안한 모습으로 주무시는 주님을 바라보아야 합니다.

셋째, 예수님은 일어나셔서 풍랑을 잔잔하게 해 주셨습니다. 문제를 해결해 주셨다는 말씀입니다. 꼭 기억해야 할 것은 우리의 생을 가랑잎처럼 흔들어 놓는 인생의 풍랑 가운데서 우리가 필요로 하는 것은 한 분의 인격자라는 사실입니다. 모든 것을 알고 계시고 모든 것을 주관하시며 모든 것을 처리하시는 한 인격자가 필요한 것이지 어떤 설명을 필요로 하는 것이 아닙니다. 우리에게 중요한 것은 설명이 아니기 때문입니다. 그러나 불행하게도 많은 사람들이 이 진리를 잘 모릅니다. 그들은 설명과 해명을 요구합니다. 그래서 많은 사람들은 이 물음에 답하려고 많은 책을 썼고, 많은 말을 했으며, 많은 종교를 만들어 냈습니다. 그러나 여기에 대해서 이렇다 할 답변은 아무도 하지 못했습니다.

인간이 요구하고 필요로 하는 것은 한 인격자입니다. 그 인격자를 바로 아느냐, 모르느냐에 따라서 모든 것이 결정됩니다. 다시 말하면 세상의 빛이 되신 예수라는 인격자를 바로 알고, 바로 모시느냐 모시지 못하느냐에 따라서 인생의 항로가 결정되는 것입니다. 태평양을 건널 때에 선장이 어떤 사람인가를 바로 알면 다른 것은 걱정할 필요가 없습니다. 폭풍이 언제 일어날지, 지금 어디까지 와 있는지 몰라도 됩니다.

우주 과학계에서 오늘의 주요 관심은 "우주 생성에 관한 어떤 이론이나 설명보다 한 인격자에게 있다"는 글을 본 일이 있습니다. '이 우주는 어떤 인격자가 창조한 것이 분명하다' '이 인격자는 성경이 말하는 그 하나님을 의미하는가?'라는 데 그들의 관심이 기울어지고 있다는 말입니다. 왜 그렇습니까? 우주의 신비를 푸는 열쇠는 어떤 구차한 설명이 아니고 한 인격자에게 달려 있기 때문입니다. 마찬가지로 인생의 신비도 오직 예수 그리스도 한 분에게 그 모든 해답이 달려 있습니다. 우리에게 중요한 것은 우리가 던진 '왜?'라는 질문에 대한 설명이 아니라는 사실을 분명히 깨달아야 합니다. 이것을 깨닫지 못하면 점점 더 암담한 처지에 빠지게 되고, 나중에는 '되는대로 살아 보자'는 식으로 사는 사람이 되고 맙니다.

하나님이 주신 선물, '믿음'

제자들이 폭풍을 만났을 때 처음에는 자기들의 지혜와 노력으로 문제를 해결해 보려고 했습니다. 그러나 그들은 한계점에 봉착한 것을 깨달았습니다. 할 수 없이 주무시는 예수님을 깨웠습니다. 일어난 예수님께서는 제자들에게 "어찌하여 무서워하느냐? 믿음이 작은 자들아!"라고 말씀하셨습니다(26절). 이것은 책망으로 끝나는 말씀이 아닙니다.

마가복음에도 똑같은 말씀이 있는데 책망 이상의 의미를 담고 있습니다. '작은 믿음'이라는 말은 제자들의 믿음이 작다는 것을 지적하는 데 그치지 않습니다. 더 나아가서 그들이 작은 믿음이나마 그것을 가지고 있었다는 점을 상기시켜 주는 데 더 큰 의미가 있었다고 봅니다.

예수님은 삼 년 동안 복음 사역을 하셨는데 그때 큰 믿음을 가진 사람을 두 번밖에 보신 적이 없습니다. 먼저 수로보니게 여자가 찾아와서 자신의 딸을 고쳐 달라고 했을 때 주님은 "자녀의 떡을 취하여 개들에게 던짐이 마땅하지 아니하다"(마 15:26)라고 하면서 거절하셨습니다. 그때 그 여자는 "주님, 사실입니다. 그러나 상 아래 있는 개들도 자녀의 손에서 떨어지는 부스러기를 먹고 삽니다"(마 15:27 참조)라고 하며 자기를 개와 같이 낮추었을 때 주님은 이렇게 칭찬하셨습니다. "여자여 네 믿음이 크도다. 네 소원대로 되리라"(마 15:28).

또 한 명의 큰 믿음의 사람은 백부장입니다. 백부장이 찾아와서 자신의 하인을 고쳐 달라고 할 때 주님은 "내가 가서 고쳐 주마"라고 하셨습니다(마 8:7 참조). 이때 백부장이 "주님! 우리 집에 오실 것 없습니다. 그 자리에서 말씀 한마디만 하시면 저 멀리 있는 내 하인이 당장에 낫습니다"라고 하였습니다(마 8:8 참조). 주님이 그의 믿음에 놀라셨습니다. 그래서 뒤를 돌아보시고 무리에게 이렇게 말씀하셨습니다.

내가 진실로 너희에게 이르노니 이스라엘 중 아무에게서도 이만한

믿음을 보지 못하였노라_마 8:10

이 백부장이나 수로보니게 여인은 이방인이었습니다. 예수님께서 이 땅에 계실 동안 좋은 믿음, 큰 믿음은 이렇게 두 번밖에 보신 적이 없었고 나머지는 다 작은 믿음들이었습니다.

믿음은 금과 같습니다. 양이 적든 많든 금은 금인 것처럼, 믿음은 하나님이 주신 선물로서 크고 작음에 상관없이 믿음입니다. 다시 말하면 하나님께 받은 믿음이라면 작은 믿음이라도 그것은 믿음이라는 말입니다. 노련한 금광석 채굴업자는 금을 찾아 산을 헤매고 다니다가 조그만한 금덩이 하나를 발견하면 그 지역 어느 곳에 큰 금광이 숨어 있다는 것을 당장에 알아냅니다. 그러므로 그 금 조각 하나는 대단한 출발입니다.

작은 믿음이 우리의 눈에는 아무것도 아닌 것처럼 느껴지고 어떤 면에서는 불순한 믿음처럼 보여질 수 있습니다. 그러나 그러한 믿음이라도 주님은 결코 과소평가하지 않으십니다. 그 믿음에 기대를 거십니다. 비록 작은 믿음이지만 주님은 그 믿음 뒤에 감추어져 있는 큰 믿음의 광맥을 보고 계십니다. 예수님은 찾아온 많은 사람들에게 "네 믿음이 너를 구원하였다"라고 하셨습니다. 그때 그 믿음이 우리가 보기에는 지극히 작은 믿음이요 대수롭지 않는 믿음이라고 할지라도 주님은 크게 평가해 주셨습니다.

우리의 믿음은 크지 못합니다. 사실 이 작은 믿음에는 불순물도 끼어 있습니다. 예수님께서 잠에서 깨셨을 때 제자들에게 "어찌하여 무서워하느냐? 믿음이 작은 자들아!"(26절)라고 하신 것을 보면 분명히 제자들이 가진 믿음에는 공포라는 불순물이 섞여 있었습니다.

마가복음에 보면 의심이라고 하는 분순물이 있었습니다. 대부분의 믿음을 보면 공포와 의심이라는 불순물이 들어 있습니다. 그러나 공포와 의심이 있는 작은 믿음이라고 할지라도 바르게 사용하여 하나님께 순종하면 놀라운 기적을 일으킵니다.

오럴 로버츠(Oral Roberts, 1918-2009) 목사의 기록을 읽으면서 공감이 가는 부분이 있었습니다. 그분은 과거 삼사십 년 동안 많은 환자를 치료하는 데 큰 역할을 담당했던 사람입니다. 그분이 설교 도중에 눈이 마주치고 마음과 마음이 통하는 환자가 있으면 '아, 주님께서 오늘 저 사람을 고치겠구나' 하고 마음에 확신이 생긴다고 합니다. 그때 그는 환자를 향해 "예수님이 당신을 고쳐 주십니다"라고 선언합니다. 그러나 마음속으로 '낫지 않으면 어떻게 하나' 하는 걱정이 생긴다는 솔직한 고백을 한 것을 보았습니다.

사람이 완전한 믿음을 가질 수 있습니까? 누구에게나 의심이 있을 수 있고, 공포도 있을 수 있습니다. 그런 의미에서 볼 때 주님의 눈에 비친 우리의 모든 믿음은 작은 믿음이지 큰 믿음일 수가 없습니다. 그러나 제자들이 그 믿음이라도 가졌기에 위기를 만났을 때 그들은 주님을 깨울 수 있었습니다. 작은 믿음은 인생 항로에서 우리를 기도하게 만듭니다.

당신은 믿음이 있습니까?

믿음이 있으면 당신은 주님을 깨울 것입니다. 주님을 향해 부르짖을 때, 주님께서 반드시 일어나셔서 우리의 문제를 해결해 주실 것입니다. 문제는 이 작은 믿음을 어떻게 사용하느냐에 달려 있습니다.

드디어 예수님이 일어나셔서 바다를 잔잔하게 하셨습니다. 놀라운 일입니다. 본문은 제자들이 놀랍게 여겼다고 했는데 이 말은 '경탄했다'는 의미입니다. 대단히 강한 의미를 가진 용어입니다. 작은 믿음을 바로 사용하여 주님께 나아가는 자에게 주님은 놀라운 기적을 일으켜 주십니다. 제자들은 예수님께서 하신 일을 보고 놀랐습니다.

우리가 인생 항로를 걸어오면서 오늘날까지 어려운 고비고비마다 작은 믿음을 가지고 눈물 흘리며 기도할 때에 주님께서 어떻게 인도해 주셨는가를 한번 돌이켜 보십시오. 놀라운 일이 한두 가지가 아닐 것입니다.

적극적인 사고방식으로 많은 사람들에게 정신적인 격려를 하고 있는 로버트 슐러(Robert Schuller, 1926–2015) 목사 부부가 한국에 왔습니다. 집회를 인도하는 중에 급한 전보를 받았습니다. 당시 열세 살이던 캐롤이라고 하는 그의 딸이 교통사고를 일으켰다는 전보였습니다. 미국에 돌아가서 보니까 딸이 오토바이를 타고 가다가 자동차와 부딪쳐 사고를 일으켰는데 벌써 다리 하나가 없어져 버렸습니다.

그는 적극적인 사고, 적극적인 생활을 강조한 사람이기에 항상 웃어야 되고 조금도 어두운 그림자를 보이면 안 되는 입장에 있는 목사였습니다. 그런데 갑자기 어두운 그림자가 집안에 드리우고 풍랑이 일기 시작한 것입니다. 딸이 퇴원을 했으나 불구자입니다. 그 사건이 있은 지 1년도 못 되어서 그의 부인인 아벨라가 유방암에 걸렸습니다. 기도의 응답인지 그 후 증세가 음성으로 바뀌어 더 이상 퍼지지 않아서 수술하여 일단 위기는 모면했습니다. 이와 같은 어려운 풍랑에 직면했을 때 인간은 어떻게 해야 합니까? 왜 하나님이 나에게 이와 같은 고난을 당하게 하시느냐며 이유를 찾고자 돌아다닌다면 그 사람은 미쳐 버리고 말 것입니다. 그런데 이 부부는 역시 신앙인이었습니다. 그들은 그 어려운 역경의 기간 동안 성경을 통하여 중요한 세 가지 진리를 깨달았다고 고백했습니다.

첫째, 모든 것을 인정해야 한다는 진리였습니다. 불구가 된 딸도 암에 걸린 사실도 그대로 받아들이는 것이었습니다. 신앙인은 모든 것을 그대로 받아들여야 합니다. 가산이 기울거나, 사업에 실패하거나, 사랑하는 이가 먼저 세상을 떠났어도 현재의 환경을 그대로 받아들이고 거기에 대하여 이유를 달지 않아야 합니다. 우리는 주님과 함께 배를 타고 가는 사람입니다. 그것이 모든 것을 긍정적으로 받아들일 수 있게 만들어 줍니다.

둘째, 하나님은 내 인생의 계획자요, 인도자라는 진리였습니다. 아벨라의 인생길을 미리 작정하고 계시고, 캐롤의 인생길도 하나님이 설계하고 계시므로 어떻게 하든지 선하신 길로 인도하신다는 것을 믿었던 것입니다. 하나님이 살아 계신 이상 하나님의 섭리하심을 믿어야 한다는 것을 그가 느꼈다고 합니다. 만일 하나님이 안 계시다면 역경을 당하는 사람은 재수 없는 인간이 될 것입니다. 그러나 하나님이 살아 계시다면 그분의 모든 계획과 섭리 아래서 현실의 사건들은 그분의 거룩한 조명 아래서 의미를 갖게 되고, 우리는 그 의미를 깨달을 수 있게 됩니다.

셋째, 전적으로 위탁하라는 진리였습니다. 불구자가 된 딸도, 암에 걸린 아벨라도 하나님께 맡기는 것이었습니다. 우리가 아벨라 여사와 같이 현실을 인정하는 것이나 하나님의 섭리를 믿는 것, 자신의 모든 것을 하나님께 위탁하는 것은 인격자인 예수님을 우리 인생의 항로에 모시고 있을 때에 가능한 것입니다.

우리는 지금 예수님을 모시고 갈리리 바다를 건너갑니다. 풍랑이 일어납니까? 예수님을 보십시오. 그의 평안한 얼굴을 한 번 보십시오. 우리도 그렇게 할 수 있습니다. 너무나 힘들 때 그분을 깨워 그분의 도우심을 기다립시다. 주님께서 우리의 모든 문제를 해결해 주시든지, 아니면 우리로 하여금 풍랑 속에서도 찬송할 수 있는 능력을 주십니다.

어디에서나 주님의 존재를 믿을 수 있고, 모든 것을 그분에게 위탁하고 항상 소망 가운데 즐거워하며 살 수 있는, 작은 믿음을 가진 사람에게 인생은 수수께끼가 아닙니다. 얼마 안 가서 그리스도 안에서 모든 것이 분명해집니다. 풍랑 속에서도 저 하늘의 별을 세며 내일을 향하여 힘차게 전진할 수 있습니다.

우리는 또다시 세상으로 나아가야 합니다. 고달프고 힘든 인생을 살아야 합니다. 그러나 주님이 우리와 늘 동행하십니다. 우리 모두 용기와 소망을 가지고 다시 내일을 맞이하도록 해야 합니다.

3

광야에서

우리가 두려워해야 할 것은 고난이나 어려운 문제가 아니라
고난 중에 함께하시며 우리보다 훨씬 지혜로우신 하나님을 잊어버리는 영적 무지입니다.

22 모세가 홍해에서 이스라엘을 인도하매 그들이 나와서 수르 광야로 들어가서 거기서 사흘 길을 걸었으나 물을 얻지 못하고 23 마라에 이르렀더니 그곳 물이 써서 마시지 못하겠으므로 그 이름을 마라라 하였더라 24 백성이 모세에게 원망하여 이르되 우리가 무엇을 마실까 하매 25 모세가 여호와께 부르짖었더니 여호와께서 그에게 한 나무를 가리키시니 그가 물에 던지니 물이 달게 되었더라 거기서 여호와께서 그들을 위하여 법도와 율례를 정하시고 그들을 시험하실새 26 이르시되 너희가 너희 하나님 나 여호와의 말을 들어 순종하고 내가 보기에 의를 행하며 내 계명에 귀를 기울이며 내 모든 규례를 지키면 내가 애굽 사람에게 내린 모든 질병의 중 하나도 너희에게 내리지 아니하리니 나는 너희를 치료하는 여호와임이니라 27 그들이 엘림에 이르니 거기 물 샘 열둘과 종려나무 일흔 그루가 있는지라 거기서 그들이 그 물 곁에 장막을 치니라

광야
에서

하나님께서는 이스라엘 백성을 홍해의 위기에서 인도하셨습니다. 그리고 그들을 광야에서 연단하셨습니다. 하나님의 인도와 연단은 구약시대의 이스라엘에게만 국한된 것이 아닙니다. 현대를 사는 우리에게도 똑같은 원리와 방법으로 적용됩니다.

홍해의 기적

하나님은 과연 약속대로 바다를 친히 갈라 주셨습니다. 구경하던 이스라엘 백성은 놀라움을 금치 못하고 하나님이 갈라 놓으신 바닷길을 걸어갔습니다. 그들이 걸어가는 홍해 바닷길은 애굽과 영원히 결별하는 마지막 길이 되었습니다. 애굽 사람을 다시는 보지 못하며 다시는 애굽으로 돌아갈 수 없는 길이 되었습니다. 고린도전서 10장 1-2절로 홍해의 사건을 해석하면 홍해의 체험은 세례(침례)와 같다고 할 수 있습니다.

바다 가운데로 지나며 모세에게 속하여 다 구름과 바다에서 세례를
받고_고전 10:1하—2

누구든지 예수님을 믿으면 세례를 받습니다. 세례란 예수 그리스
도의 십자가와 함께 자기의 옛사람이 죽었다는 사실을 만인 앞에 선
포하는 행위입니다. 신분상 세상과 영원한 결별을 선언하는 것입니
다. 그러므로 다시는 세상의 지배를 받지 않게 되었습니다. 세상으로
되돌아갈 수도 없습니다.

이스라엘 백성이 홍해를 통과한 후에 체험한 기쁨은 우리가 예수님
의 십자가를 통하여 구원을 받고 한없이 기뻐하는 것과 같습니다. 따
라서 우리는 다 홍해에서 세례를 받은 사람들입니다. 다시 말하면 예
수 그리스도의 십자가로 옛사람은 죽고 다시 태어난 새사람입니다.
홍해를 건너기 전과 건넌 후와는 근본적으로 다릅니다. 예수님을 믿
기 이전의 우리는 애굽에서 종노릇하던 사람들입니다. 죄악 속에서
쾌락을 누리며 죄악 속에서 인생의 어떤 행복을 찾아 헤매던 사람들
이었습니다. 그러나 예수님의 십자가를 통하여 옛사람은 장사되고 새
사람으로 다시 태어났습니다. 그러므로 거기에는 놀라운 기쁨이 있습
니다.

삭개오와 같은 사람을 보면 홍해의 감격이 무엇인가를 좀 알 수 있
을 것입니다. "오, 주님! 제가 가지고 있는 재산 중에 절반을 가난한
사람들에게 나누어 주겠습니다." 이런 기쁨이 모든 성도들에게 있습
니다. 예루살렘 성도들은 구원받은 것이 너무나 기뻐서 재산을 전부
다 교회에 바치고 성도들과 더불어 생활하는 천국의 이상적인 삶을
한동안 맛보았습니다.

빌립보 감옥의 간수는 바울을 통하여 전도를 받아 예수님을 믿고

세례 받은 다음 너무 기뻐서 온 가정과 더불어 즐거워했다고 했습니다. 이런 모든 것이 홍해의 체험입니다.

신자들은 누구에게나 이와 같은 체험이 필요합니다. 어떤 사람은 예수님을 믿은 지 얼마 안 되었는데도 그리스도 안에서 새사람 된 것을 감격해 합니다. 그러나 어떤 사람은 예수님을 오래 믿었어도 전혀 그와 같은 감격과 체험이 없는 것을 봅니다. 정말 구원받은 성도라면 하나님의 자녀 된 것에 대한 기쁨과 감격이 있어야 합니다. 신자에게는 찬송이 입에서 떠나지 않고 마음에 놀라운 기쁨이 생수처럼 솟아오르는 체험이 꼭 있어야 합니다. 그러면 왜 홍해를 건넌 환희를 맛보지 못하는 경우가 있을까요?

첫째, 예수님을 믿기는 믿는데 약간의 불신앙이 그 마음에 찌끼와 같이 깔려 있기 때문입니다. 모세가 홍해를 건너가라고 했지만 '중간에 가다가 물이 덮이면 어떻게 할까?' 하여 건너가면서 불안에 떨던 사람이 있었다면, 의심하지 않고 바다를 건넌 사람들의 기쁨을 결코 맛볼 수 없었을 것입니다. 불신앙의 차꼬에 묶여 있는 신자의 마음에는 구원의 기쁨이 찾아오지 못합니다.

둘째, 하나님의 말씀을 잘 모르기 때문입니다. 일반적으로 이런 사람은 그리스도 안에서 누리는 축복이 얼마나 큰지 잘 깨닫지 못합니다.

셋째, 순종하지 않았기 때문입니다. 교회에서는 그리스도인이지만 교회 밖에만 나가면 신자가 아닙니다.

자신의 신앙 상태를 점검해 보십시오. 예수님을 믿고 구원받은 자의 기쁨과 확신이 있습니까? 홍해를 건너와서 춤을 추던 이스라엘 백성과 같은 기쁨이 있습니까? 만일 이러한 것들이 없다면 왜 없는지 그 이유를 찾아보십시오. 그 이유를 찾지 못하고 주님이 오신다면 주님을 맞을 수가 없습니다.

광야의 연단

이스라엘 백성이 40년 동안 생활한 광야는 우리가 생각하는 사하라사막과 같은 모래밭이 아니었습니다. 목축이 약간 가능하지만 황량한 벌판이었습니다. 나무도 없고 그늘도 없는 곳으로 낮에는 더위가 심하고, 밤에는 온도가 급강하하여 추위가 닥치므로 견디기 어려운 지역이었습니다. 그들이 앞서가는 하나님의 구름기둥을 따라간 곳이 바로 이런 곳이었습니다. 그래도 첫날은 홍해의 기적을 체험한 기쁨에 기분이 좋았을 것입니다. 하나님께서 함께하고 지켜 주신다는 놀라운 확신이 있었을 것입니다. 그러나 다음 날은 아무리 걸어도 물 한 방울 없는 광야 길이 계속되었습니다. 백성들은 점점 불안에 쌓이기 시작했습니다. 삼 일째 되는 날에는 무서운 공포에 휩싸이기 시작했고 나중에는 모세를 원망하고 하나님을 원망하는 자리에까지 오고 말았습니다.

구원받은 성도에게 이런 일이 있을 수 있다고 생각하십니까? '구원의 기쁨'이라는 날개를 달고 창공을 나르던 자에게 이런 고통스러운 추락이 있을 수 있다고 생각하십니까?

초신자들은 대부분 순진합니다. 그래서 처음 예수님을 영접하고 나면 기쁨이 넘칩니다. 그들은 신앙생활만 잘하면 인생 전부가 축복의 연속인 것으로 착각합니다. 그래서 조금만 어려움이 닥치면 사정없이 좌절해 버립니다. 마치 돌밭에 뿌려진 씨앗이 처음에는 말씀을 받고 기쁨으로 충만했지만 핍박이 오고 어려운 시험이 왔을 때는 뿌리가 약하고 흙이 얇아서 말라 죽는 것과 같습니다.

구원의 환희에 차서 기뻐하던 이스라엘 백성을 물 없는 광야로 인도하신 하나님의 섭리 안에 감추어진 하나님의 지혜가 무엇이었을까요?

하나님께서 모세의 일생을 인도하실 때에는 이해할 수 없는 놀라운 부분들이 있었습니다. 모세는 그의 인생의 절정기인 40세부터 40년간을 광야에서 보냈습니다. 누가 이것을 하나님의 깊은 뜻이라고 생각하겠습니까? 그러나 40년 후에 그 광야의 40년이 무엇을 의미했는지 우리는 잘 알고 있습니다.

예수님이 성령에 충만하여 하나님 나라의 일을 시작하시려는 순간 성령은 그를 광야로 인도하셨습니다. 그곳에서 40일 동안 식음을 전폐하고 준비하게 하셨습니다. 거기서 사탄에게 시험을 당하는 일까지 있었습니다.

바울 역시 '다메섹' 도상에서 실명하여 눈이 어두워졌지만 나중에 하나님께서 그 눈을 열어 주시는 놀라운 체험을 했습니다. 그러나 다시 하나님은 그를 광야로 몰아넣으셨습니다.

하나님은 우리의 내일을 내다보시며 우리의 약점을 다 알고 계시는 분입니다. 그러므로 우리를 위하여 필요하다고 하면 언제든지 광야로 인도하시어 시련 뒤에 오는 더 큰 복을 받도록 준비시켜 주시는 분이십니다.

광야가 주는 영적 의미

광야가 우리에게 주는 영적 의미 세 가지를 살펴보겠습니다.

첫째, 광야는 영적 연단을 의미합니다. 시험은 예수님을 믿는 사람이 당하는 영적 전투입니다. 남편이 믿지 않으므로 오는 핍박, 부모님이 믿지 않아서 따르는 여러 가지 고통 등은 우리가 광야에 들어와 있다는 것을 의미합니다.

둘째, 광야는 가치관의 변화를 의미합니다. 새로운 피조물이 되면 가치관이 달라집니다. 과거에 좋아 보이던 것이 좋지 않게 보입니다. 과거에 가치 있게 생각하던 것이 무의미하게 생각됩니다. 그러므로 세상 사람들이 좋아하는 것에 대해서 오히려 허무감을 강하게 느끼게 됩니다. 이 세상에서는 아무리 살펴보아도 위로받을 만한 것이 없고 진정한 평안이 없다는 것을 느끼게 됩니다. 이러한 새로운 가치관을 우리가 인생 광야에서 발견하게 됩니다.

셋째, 광야는 나그네 생활이 주는 피곤을 의미합니다. 거룩하게 살고자 할 때에 피곤이 옵니다. 죄가 우글거리는 소돔과 고모라와 같은 도성에서 진통을 겪는 일은 피할 수 없습니다. 이것이 광야입니다. 이 세상은 사탄의 지배 아래 있습니다. 그리스도를 십자가에 못 박아 죽인 사형장입니다. 이런 곳에서는 신자가 아무리 시원한 생수를 찾아보아도 쓴 물을 내는 마라가 있을 뿐입니다. 언뜻 보기에는 오아시스와 같이 보여도 달려가서 보면 먹을 수 없는 쓴 물입니다. 성경은 이와 같은 피곤한 나그네 생활을 "만물이 피곤하다는 것을 사람이 말로 다 말할 수 없나니 눈은 보아도 족함이 없고 귀는 들어도 가득 차지 아니하도다"(전 1:8)라는 말씀으로 증언합니다.

그런데 한 가지 문제는 많은 신자들이 광야의 가치를 모르고 있다는 것입니다. 예수님을 믿는 것을 광야를 피하기 위한 도피 수단으로 생각합니다. 예수님을 믿으면 마음이 편하고 기쁠 것이라고 생각합니다. 또 어려움은 사라지고 바라는 대로 잘될 것이라고 생각합니다. 처음에 예수님을 믿는 사람은 신앙이 약하므로 그럴 수 있겠지만 신앙 연륜이 깊은데도 그런 순진한 신앙관을 가지고 있다면 심각한 문제입니다. 어떤 사람이 이런 말을 하는 것을 들은 적이 있습니다.

"권력형 축재자 중에서 한 사람은 불교인이고, 나머지는 전부 다 기독교인입니다. 예수 믿는다는 것이 다른 사람이 보기에는 거룩하게 보이지만 속으로는 자기 유익을 위하여 사는데 무엇이 다른 건가요?"

정말 우리 모두 반성해야 합니다. 광야의 의미를 바로 알아야 합니다. 기독교는 행복을 위한 도피처가 아닙니다. 그렇다고 고난을 피하는 샛길도 아닙니다. 자기의 유익을 위해서 예수님을 믿는 자는 하나님께서 광야를 통하여 산산이 부수고 다시 만드십니다. 그런 뒤에 그리스도 안에서 주시는 복을 받도록 하십니다. 하나님은 절대 속지 않으십니다.

당신에게 돈에 대한 욕심이 있습니까? 돈에 대한 욕심이 깨어지도록 하나님이 당신을 다루실 것입니다. 세상의 명예와 권력을 향한 야망이 우상이 되어 있습니까? 이것이 깨어지기 전에는 하나님께서 주시는 은혜를 받을 수가 없습니다.

핑크(Arthur Pink, 1886–1952) 목사님은 하나님께서 성도들을 광야로 인도하시는 이유 두 가지를 다음과 같이 말합니다.

첫째, 광야의 시련을 통하여 자신이 얼마나 악하고 무가치한가를 발견하게 해서 우리를 겸손하게 만들기 위한 것이라고 하였습니다.

둘째, 하나님이 누구시며 능력이 얼마나 크신 분인가를 체험하도록 하기 위함이라고 하였습니다.

광야와 같은 시련이 없이는 하나님이 나와 동행하시는 것을 실제로 체험하기 어렵습니다. 누구나 홍해를 건너오면 우리는 하나님의 자녀입니다. 그러므로 하나님은 자녀 된 우리를 아무렇게나 자라도록 내버려 두지 않으십니다. 당신의 자녀가 훌륭한 사람이 되기를 원한다면 당신은 절대로 아무렇게나 교육하지 않을 것입니다. 하나님은 가장 사랑이 많으신 아버지요, 가장 지혜로운 선생님이십니다. 그가 세상의 수십 억이라는 사람들 중에서 우리 각자를 택하셔서 자기의 것으로 인쳐 주셨습니다. 그 하나님이 홍해를 건너게 하셨고 바른 삶을 살도록 광야에서 교육해 주십니다. 우리는 이 하나님을 바로 알아야 합니다.

강남에 사는 어떤 가정에서는 초등학교 2학년이 된 자녀에게 자가용을 사 주었다고 합니다. 그 자가용에는 전속 운전기사가 따라다니고 월급은 그 어린이 손으로 준다고 합니다. 그 운전기사는 그 아이와 놀아 주고 교실에 들어가면 기다렸다가 하교할 때 집으로 모셔 가고…. 얼마나 불쌍한 아이입니까? 유리 동물원에서 사는 새끼 사자와 다를 바가 없습니다. 그 사자 새끼를 산에다 풀어놓으면 얼마 못 가서 적응하지 못하여 죽고 말 것입니다. 발바닥에 흙이 묻지 않게 키운 자녀보다는 차라리 신문팔이하는 아이가 훨씬 나을 것입니다. 그런 식으로 자녀를 키워서 나중에 그 아이의 장래를 누가 보장할 수 있습니까? 하나님은 이런 어리석은 부모처럼 우리를 키우시지 않습니다.

찰스 코우만 여사의 글 중에서 재미있는 체험담을 읽은 적이 있습니다. 그녀는 1년 동안 애벌레가 나비가 되어 나오는 것을 관찰한 일이 있었다고 합니다. 번데기에서 나비가 기어 나오는 구멍은 너무 작습니다. 그 작은 구멍으로 큰 몸집이 빠져나오려고 오랫동안 몸부림을 치는 모습을 보고 있자니 안달이 나서 견딜 수 없었습니다. 그래서 도와주고 싶은 충동을 느꼈습니다. 급히 가서 가위를 가져왔습니다. 그리고 그 구멍을 옆으로 조금 따 주었습니다. 그랬더니 그 나비가 고맙다는 듯이 퉁퉁 불은 몸집을 기우뚱거리면서 쉽게 고치를 빠져나왔습니다.

그녀는 큰 선심이나 쓴 것처럼 만족감에 젖어 이제 그 나비가 오색찬란한 날개를 펴고 창공을 날 순간을 기다리며 지켜보고 있었습니다. 그러나 그녀는 얼마 안 가서 자기가 나비의 신세를 망쳐 놓았다는 것을 깨달았습니다. 큰 구멍으로 쉽게 빠져나온 나비는 날개를 질질 끌고 방구석을 기어 다니는 신세가 되고 말았던 것입니다. 작은 구멍을 빠져나오는 긴 시간의 몸부림, 이것은 나비가 꽃을 찾아 이 산 저 산으로 날아다닐 행복한 나비로 만드는 데 없어서는 안될 과정이었습니다.

고난을 당하는 자를 너무 값싸게 동정하지 마십시오. 경제적으로, 건강으로, 사회의 여건으로 형제가 진통을 겪고 고통스러워할 때 값싼 동정에 못 이겨 금방 가위를 들지 마십시오. 하나님께서 그를 더 큰 위험에서 막아 주시고 믿음의 날개로 세상을 날며 살도록 하시기 위하여 허락하신 시련의 좁은 구멍인지 누가 압니까?

> 너희 믿음의 확실함은 불로 연단하여도 없어질 금보다 더 귀하여 예수 그리스도께서 나타나실 때에 칭찬과 영광과 존귀를 얻게 할 것이니라_벧전 1:7

광야에서 얻은 영적 유익

우리가 광야에서 얻을 수 있는 몇 가지 영적 유익을 살펴보겠습니다.

첫째, 기도하게 만듭니다. 모세와 백성들이 부르짖었습니다. 고난 앞에서 신자는 기도하게 됩니다. 시련은 마치 바람과 같습니다. 고난과 시련은 하나님을 향해 더 빨리 달려가게 합니다.

둘째, 영의 눈을 뜨게 만듭니다. 모세가 부르짖을 때에 하나님께서 눈을 열어 주셨습니다. 광야의 시련은 마음의 때를 벗겨 주고 마음의 눈을 열어 육체의 안일주의에서 벗어나게 합니다.

셋째, 십자가를 발견하게 합니다. 모세가 하나님 앞에 기도하여 눈이 열렸을 때 그는 나무를 발견했습니다. 그 나무를 꺾어 마라의 쓴 물에 던지니 물이 달아졌습니다.

우리는 고난과 시련을 통하여 십자가를 발견하게 됩니다. 베드로전서 2장 24절을 보면 나무는 십자가의 상징입니다. 그리스도인은 광야의 생활을 통하여 십자가의 의미를 발견하고 그리스도와 만나게 됩니다.

넷째, 쓴 물이 단물로 변하는 체험을 하게 합니다. 다시 말하면 문제 해결의 체험입니다. 문제를 해결할 수 있는 방법은 멀리 있는 것이 아닙니다. 쓴 물이 있는 샘 바로 곁에 나무가 있었습니다. 오늘 우리의 문제를 해결할 수 있는 나무는 멀리 있지 않습니다. 고난을 통하여 우리에게 쓴맛을 주던 문제들이 단맛을 내는 축복으로 바뀌는 것을 체험하게 됩니다.

어느 교회 장로님이 광야 생활에서 쓴 물이 단물로 변하는 놀라운 체험을 했습니다. 그 장로님은 다른 사람이 경영하던 공장을 인수했는데 3년 동안 계속 적자였다고 합니다. 그런데도 끈질기게 포기하지 않고 언젠가는 반드시 하나님이 은혜를 주실 것이라고 확신했습니다. 그 어려운 상황 속에서도 십일조를 드리는 것은 물론, 주일 성수까지 철저히 하였습니다. 어려움이 가슴을 짓누르면 공장에서 떠나지 않고 밤새도록 하나님께 부르짖었습니다. 그 결과, 주변의 모든 공장들은 문을 닫았으나 그 장로님의 공장은 흑자를 내는 유일한 공장이 되었습니다. 그래서 주변에 있는 사람들이 말하기를 "저 공장은 일요일 날도 쉬는데 이상하게 흑자를 내니 그 이유를 모르겠다"고 했습니다. 이말에 대해 장로님은 "하나님께서 그동안 나에게 시련을 주셨습니다. 3년 동안 저는 하나님 앞에서 믿음을 점검받았습니다. 이제 하나님은 놀랍도록 축복하고 계십니다"라고 대답했습니다.

그 장로에게 3년의 고난이 얼마나 유익한 것이었습니까? 그와 같은 고난을 통하여 믿음을 키워 주시고 교만해지거나 세상 쾌락에 빠지는 위험을 미리 막아 주신 것입니다. 이것이 신자가 맛보는 단물입니다. 시련 뒤에 하나님은 위로와 보상을 주십니다.

하나님께서 이스라엘 백성을 마라에서 쓴 물을 마시게 하시고 난 다음에 엘림이라는 곳으로 인도하셨습니다. 그곳에는 오아시스가 있었습니다. 우리가 믿음으로 시련을 잘 이기고 나면 하나님께서 엘림의 오아시스를 발견하게 하십니다. 그런데 많은 사람들이 시련에서 탈락하기 때문에 그 뒤에 따라오는 하나님의 복을 놓쳐 버리고 맙니다.

우리가 두려워해야 할 것은 고난이나 어려운 문제가 아니라 고난 중에 함께하시며 우리보다 훨씬 지혜로우신 하나님을 잊어버리는 영적 무지입니다. 이제 우리는 확신을 가져야 합니다. 시련의 연속인 광야 생활이지만 하나님은 늘 당신과 동행하십니다. 하나님이 함께하시면 두려울 것이 없습니다. 불같은 시련 뒤에는 아름다운 축복과 보상이 기다리고 있습니다. 이 놀라운 축복을 놓치지 마십시오.

내가 가는 길을 그가 아시나니 그가 나를 단련하신 후에는 내가 순금같이 되어 나오리라_욥 23:10

4

밤의
노래

날마다 축복만을 기다리는 어린아이가 되지 말고
오히려 밤이 오면 멋진 찬송으로 하나님을 찬양하는 사람이 되어야 합니다.

욥기 35:10-11

10 나를 지으신 하나님은 어디 계시냐고 하며 밤에 노래를 주시는 자가 어디 계시냐고 말하는 자가 없구나 11 땅의 짐승들보다도 우리를 더욱 가르치시고 하늘의 새들보다도 우리를 더욱 지혜롭게 하시는 이가 어디 계시냐고 말하는 이도 없구나

밤의
노래

우리가 잘 아는 사람, 욥은 참 행복한 사람이었습니다. 모든 면에서 부족함이 없는 성공적인 삶을 살았다고 할 수 있습니다. 그런데 그런 그에게 하루아침에 무서운 재난이 몰려왔습니다. 모든 것들이 사라지고 남은 것이라고는 목숨 하나밖에 없었습니다. 사랑하는 친구 세 사람이 그를 찾아와서 '왜 욥과 같은 의인에게 고난이 찾아왔는가?' 하는 문제를 놓고 장시간 동안 토론을 했습니다. 그러나 거기에 대한 해답은 결국 얻지 못했습니다. 그때 옆에서 이와 같은 상황을 지켜보던 젊은이 하나가 있었습니다. 그는 엘리후입니다. 계속 듣기만 하던 그는 입을 열어 말을 하기 시작합니다.

그는 욥의 세 친구가 발견하지 못한 중요한 문제를 지적합니다. 마치 혼란 속에서 질서를 찾듯 그는 놀라운 진리를 말합니다. 그것은 욥을 위시하여 고난을 당하는 자들이 불행 그 자체만을 놓고 탄식할 줄만 알지, 하나님을 찾지 않았다는 것입니다. 욥기 35장 9-10절을 보면 "사람은 학대가 많으므로 부르짖으며 군주들의 힘에 눌려 소리치나 나를 지으신 하나님은 어디 계시냐고 하며 밤에 노래를 주시는 자가 어디 계시냐고 말하는 자가 없구나"라고 합니다. 그러므로 인간의 불행은 더 불행하게 보이고, 인간의 슬픔은 더 슬퍼지며, 인간의 비참한 모습은 더 철저하게 보인다는 것입니다. 이것이 엘리후가 발견한 진리입니다. 그리고 엘리후는 하나님에 관하여 밤에 노래하게 하시는 하나님이시며, 동시에 우리를 연단하시되 지혜를 주시는 하나님이라는 것을 이야기합니다.

지구에는 낮과 밤이 있습니다. 황혼이 깃드는 저녁을 지나 하루 종일 고달프게 일하던 농부들이 손과 발을 씻고 집으로 돌아오는 시간이 되면 밤이 다가옵니다. 어느덧 환하게 밝혀졌던 창가의 등불이 하나씩 꺼지고 커튼이 내려지면 하루의 쉼을 얻는 깊은 잠이 찾아옵니다. 하나님께서 모든 만물에게 베푸신 축복 가운데서도 밤은 놀라운 축복입니다. 이와 같이 인생에서 밤은 꼭 필요하며 중요한 시간입니다. 그러나 밤은 동시에 공포를 안겨 줍니다. 두려움을 동반합니다. 인간에게는 밤을 좋아하지 않는 본성이 있습니다. 모든 세상의 악이 밤을 통하여 일어나고 모든 무서운 계교들이 밤의 침상에서 잉태됩니다. 그래서 밤은 두려운 것이요, 좋지 않은 것입니다.

○ ○ ○ ○ ○ ○ ○ ○
피할 수 없는 인생의 밤

사람에게도 인생의 밤이 있습니다. 인생은 작은 우주입니다. 하나님께서 인간에게 이 밤을 주셨습니다. 갑자기 건강이 나빠졌습니까? 직장을 잃었습니까? 사업이 잘 안 됩니까? 가정에 걱정이 생겼습니까? 밤이 찾아온 것입니다. 30대 후반에 속한 대부분의 남자들은 직장에 대한 환멸과 불만 때문에 괴로워한다고 합니다. 밤이 오는 증거입니다. 30대 초기에 큰 꿈을 가지고 출발했던 직장이 5-6년이 지나면서

'이것이 겨우 나의 인생의 전부인가?' 하는 환멸로 다가옵니다. 이와 같은 직장 생활의 환멸은 누구나 느끼게 됩니다. 밤이 오는 것입니다.

우리는 본능적으로 이와 같은 밤을 두려워합니다. 그래서 할 수만 있다면 피하려고 합니다. 그런데 이상하게도 하나님께서는 우리가 싫어하는 밤을 우리에게 주셨습니다. 지구의 낮과 밤을 만드신 하나님께서 인생의 낮과 밤도 주셨습니다. 성경은 이를 증언합니다. "나는 빛도 짓고 어둠도 창조하며 나는 평안도 짓고 환난도 창조하나니 나는 여호와라 이 모든 일들을 행하는 자니라 하였노라"(사 45:7). 이와 같은 하나님의 행하심을 볼 때 우리는 바울이 고백한 것처럼 "깊도다 하나님의 지혜와 지식의 풍성함이여, 그의 판단은 헤아리지 못할 것이며"(롬 11:33)라고 할 수밖에 없습니다. 그러면 하나님께서 왜 인간이 싫어하는 고난과 환난의 밤을 주십니까?

모든 사람의 궁극적인 목적은 동일합니다. 하나님의 영광을 위하여 살아야 되는 것입니다. 그러나 개개인에게 이 사실을 적용시키면 각 사람에게 요구하시는 하나님의 목적이 다르다는 것을 알 수 있습니다. 각 사람을 향한 하나님의 최상의 목적이 있습니다. 그 목적을 달성하기 위하여 하나님께서 사용하시는 최상의 수단 중에 하나가 밤입니다.

자연계에 밤을 만드신 것은 하나님의 창조 지혜입니다. 꽃은 아침에 피어나기 위해 밤에 준비합니다. 아름다운 봉오리가 이슬을 머금고 입을 벌려 피어나기 위해서는 어두운 밤 동안 준비해야 합니다. 밤이 없다면 꽃은 피지 못할 것입니다.

인생의 밤도 마찬가지입니다. 이 밤 동안 인간에게 꽃을 피울 준비를 시킵니다. 만일 고난이 없다면 인생의 꽃은 피지 않을 것입니다. 하나님께서 인간을 밤이 없는 대낮만 걸어가도록 만드셨다면 인간은 교만해질 것이며 완악해질 것입니다. 이것이 하나님의 지혜입니다.

하나님의 지혜는 '최상의 가능한 목적을 설정하시고 그 목적을 달성하시기 위하여 최상의 가능한 수단을 동원하시는 하나님의 섭리'라고 할 수 있습니다.

하나님은 지혜자입니다. 우리가 아무리 싫다고 해도 불행의 밤을 주시며 사망의 음침한 골짜기를 걸어가게 만드십니다. 어떤 때는 만사가 끝난 것같이 생각되는 최악의 밑바닥까지 떨어지도록 내버려 두실 때가 있습니다.

하나님은 이 무서운 사망의 골짜기를 인간에게 주셔서 자신이 우리를 위하여 세우신 목적을 달성하시는 데 최상의 방법으로 적용하십니다. 성경 속에서 하나님의 손에 바로 쓰임을 받은 인물치고 인생의 밤을 통과하지 않은 사람이 있습니까? 밤을 전혀 모르는 한 사람이 있었습니다. 솔로몬 왕입니다. 그는 궁중에서 태어났고, 이스라엘의 가장 전성기를 이룬 다윗 왕 밑에서 자라났기 때문에 그에게는 밤이 없었습니다. 그러나 그가 원하는 모든 것을 다 얻었지만, 밤이 없는 인생을 살아온 그는 결국 비참한 존재로 끝났습니다. 하나님의 손에 사용된 사람은 모두 캄캄한 밤을 지나야 했습니다. 요셉, 모세, 다윗, 엘리야, 바울….

하나님께서 역사의 자국을 깊이 남기기 위하여 큰 그릇으로 사용된 사람마다 깊은 밤을 통과했습니다. 교회 안에서도 신앙이 좋다고 하는 분들을 가만히 보면 대부분 밤을 통과하신 분들입니다. 인간에게는 밤을 통과하지 않으면 제대로 만들어지지 않는 고약한 기질이 있습니다. 그래서 하나님은 밤을 중요하게 다루십니다.

우리를 죄에서 구원하시는 방법도 밤의 방법이었습니다. 골고다를 향하는 잔인하고도 무서운 저 십자가의 길! 예수님에게 그것은 밤의 길이었습니다. 너무나 견딜 수 없는 고난의 길이었습니다. 그러므로

"아버지여, 할 수만 있으면 이 잔을 내게서 지나가게 하옵소서"라고 하셨습니다.

죄 없는 아들을 십자가에 매달아서 전 인류를 위하여 피 흘리게 하시고 그 처절한 십자가를 통하여 모든 인류가 죄를 용서받도록 하신 하나님의 놀라운 섭리는 밤의 섭리입니다. 그래서 바울은 사람들이 볼 때는 미련하게 보인다고 말했습니다. 그러나 사람에게 미련하게 보이는 것이 하나님에게는 지혜로운 능력의 길이었습니다(고전 1:18 참조).

우리를 죄에서 구원하시는 방법이 밤이라는 방법이었다면 한평생을 세상에서 살아야 할 우리를 하나님이 세우신 최상의 목적에 합당한 존재로 만드는 데 선택하신 방법 역시 밤이라는 사실은 조금도 이상할 것이 없습니다. 왜냐하면 하나님의 자녀가 되기 위해서 밤은 필수적인 조건이기 때문입니다. 그렇다고 불행이나 고난을 자초하라는 말이 아닙니다. 하나님께서 주실 때에 아멘으로 받으라는 말입니다.

밤에 노래하게 하시는 하나님

엘리후가 우리에게 소개해 준 하나님은 밤만 주시는 하나님이 아니라 밤에 노래하게 하시는 하나님입니다. 얼마나 멋진 말입니까? '밤에 노래하게 하시는 하나님!' 밤에 부르는 노래는 낮에 부르는 노래와는 다릅니다. 만물은 고요 속에서 침묵하며, 보이는 것은 처연한 외로움, 그리고 또 하나 남은 것이 있다면 처절한 실패와 눈물, 그것뿐입니다. 이 속에서 침묵을 깨고 감사와 감격의 눈물로 하나님을 노래합니다.

꽃이 만발한 아름다운 동산에서 꽃을 꺾어 들었을 때에 노래가 나오는 것은 당연하겠지만, 꽃이 없는 사막에서 한 방울의 물에 갈급할 때에는 노래가 나올 수 없습니다. 그런데 바로 그 자리에서 하나님은 노래하게 하십니다. 밤을 만난 인간은 자기 힘으로는 노래할 수가 없습니다. 그런데 하나님께서 그의 자녀로 그 밤에 노래하게 하십니다. 눈물의 감격과 감사는 이러한 밤에만 이루어질 수 있는 것입니다.

수도가 발달하기 전에는 펌프를 사용하여 물을 길어 올렸습니다. 그런데 몇 시간 동안 사용하지 않던 펌프는 아무리 펌프질을 해도 물이 올라오지 않습니다. 그것은 땅속에 물이 없기 때문이 아니라 펌프에 물이 말랐기 때문입니다. 땅속의 물을 끌어올리는 데는 한 바가지의 물이 필요합니다. 그 물을 펌프에 붓고 펌프질을 하면 지하수가 올라옵니다.

하나님께서 그의 자녀들에게 어두운 밤을 통과하게 하시지만 찬송을 부를 수 있는 충분한 여건을 다 갖추어 놓으십니다. 그런데 어두움을 만난 인간은 자기 힘으로 찬송을 부를 수 없습니다. 하나님께서 한 바가지의 물을 부어 주셔야 노래를 부를 수 있는 힘이 생겨납니다.

하나님이 우리를 왜 구원하셨습니까? 에베소서 1장에 성부 하나님께서 우리를 만세 전에 예정해 놓으신 목적은 우리로 하여금 그의 영광을 찬송하도록 하기 위함이라고 말씀합니다. 성자 예수 그리스도께서 우리를 위하여 십자가에 죽으신 이유도 하나님을 찬송하도록 하기 위해서입니다. 성령께서 우리를 인치시고 우리와 동행하시는 이유는 하나님을 찬송하도록 하기 위해서입니다. 그러므로 구원의 궁극적인 목적은 하나님의 영광을 찬양하는 것입니다.

우리는 하나님의 능하신 손길만 닿으면 금방이라도 아름다운 노래를 부를 수 있는 천국의 거문고와 같습니다. 성도는 이미 노래할 수 있는 능력을 하나님께로부터 받은 사람들입니다.

성령은 노래하는 영입니다. 예수님은 십자가를 지시기 위하여 겟세마네 동산의 골고다를 향하시면서도 제자들과 함께 찬양했습니다.

아무리 어두운 밤이라도 성령을 받은 사람은 찬양합니다.

바울과 실라는 빌립보에서 매를 맞고 옥에 갇혔으나 깊은 밤에 소리 높여 찬양할 수 있었습니다. 성령을 받은 하나님의 자녀는 아무리 깊은 밤이라도 찬양할 수 있도록 하나님께서 도와주십니다.

그리스도인은 세상을 사랑하는 자들이 아닙니다. 눈에 보이는 세상에 큰 기대를 걸고 인생을 투자하는 존재가 아닙니다. 우리는 이미 성령을 받고, 거듭난 하나님의 자녀로 눈에 보이는 것에 소망을 두는 것이 아니라 보이지 않는 영원한 데에 소망을 두고 살아가는 나그네입니다. 그러므로 밤이 다가와도 크게 타격을 받지 않습니다. 오히려 노래합니다.

밤에 부르는 노래는 특이한 데가 있습니다. 처절한 심령의 메아리가 동반됩니다. 밤에 들리는 노래는 가볍게 들리지 않습니다. 마음을 파고듭니다. 우리가 형통할 때 부르는 찬송은 은혜스럽지만 그런 찬송은 입에서만 나오는 찬송이기 쉽습니다. 그러나 밤에 부르는 찬송, 고난을 당할 때, 사랑하는 자를 잃어버렸을 때, 실패를 당했을 때, 건강이 좋지 않을 때, 앞날이 막막할 때 하나님이 주시는 능력을 가지고 부르는 찬송은 영혼에서 나오는 찬송입니다. 그래서 하나님께서도 이 밤의 노래를 좋아하십니다.

성경에는 밤의 노래가 몇 개 등장합니다. 그중에서 고전에 속하는 것이 하박국 선지자의 노래입니다.

> 내가 들었으므로 내 창자가 흔들렸고 그 목소리로 말미암아 내 입술이 떨렸도다 무리가 우리를 치러 올라오는 환난 날을 내가 기다리므로 썩이는 것이 내 뼈에 들어왔으며 내 몸은 내 처소에서 떨리는도다 _합 3:16

이것은 전쟁의 소문을 듣고 불안과 공포에 떠는 밤을 만난 하박국의 심정을 표현하고 있습니다. 계속해서 17절에는 전쟁으로 인해 나타날 경제적 파탄을 이야기합니다. "비록 무화과나무가 무성하지 못하며 포도나무에 열매가 없으며 감람나무에 소출이 없으며 밭에 먹을 것이 없으며 우리에 양이 없으며 외양간에 소가 없을지라도."

이것이야말로 전쟁과 경제 파국이 함께 찾아온 밤 중의 밤입니다. 하박국이 이러한 상황에 앉아 있습니다. 그러나 그는 노래합니다. 밤에 말입니다.

> 나는 여호와를 인하여 즐거워하며 나의 구원의 하나님으로 말미암아 기뻐하리로다 주 여호와는 나의 힘이시라 나의 발을 사슴과 같게 하사 나를 나의 높은 곳으로 다니게 하시리로다_합 3:18-19

하박국의 노래는 모든 것이 다 없어져도 하나님 한 분만 계시면 족하다는 것입니다. 이 노래의 주제는 하나님 한 분이십니다. 그는 사망의 음침한 골짜기를 걸어갈지라도 하나님만 동행하시면 즐거워할 수 있고 전쟁과 기근이 온다고 해도 하나님 한 분만으로 만족할 수 있다고 노래합니다. 밤에 그와 함께하시는 하나님이 자기 발에 힘을 주실 것이요, 그는 사슴과 같이 저 높은 곳을 힘차게 다닐 수 있다고 노래합니다.

우리는 때때로 평안할 때에는 하나님을 잊어버리고 살아갑니다. 자녀에게 자전거를 사다 주면 이 자녀는 자전거만 좋아합니다. 그것을 사다 준 부모는 별로 생각하지 않습니다. 마음이 자전거에 온통 쏠려 있습니다. 마찬가지로 우리에게 하나님이 축복을 많이 주시면 축복을 주신 하나님은 잊어버리고 손에 들어온 좋은 것에만 정신이 빠져 버립니다. 그래서 하나님과 만나는 확률이 적어지고 만나도 진지하지 못합니다. 이것이 우리의 약점입니다. 자전거에 정신이 팔려서 부모의 고마움과 존재를 인식하지 못하는 어린아이와 같습니다. 그러던 어느 날 자전거를 도둑맞습니다. 그러면 비로소 자전거에 대한 필요에 의해서 아버지를 바라봅니다. 우리도 하나님이 주신 것이 좀 없어져야 하나님을 찾아갑니다. 드디어 밤에 하나님을 만나게 됩니다. 그래서 밤의 노래는 그 주제가 하나님이 됩니다. 이런 밤을 통하여 하나님을 만나는 사람은 하나님의 전능하심과 지혜로우심과 성실하심에 무릎을 꿇고 하나님을 찬양하게 됩니다.

손에 쥔 것은 아무것도 없지만 천하를 다 얻은 것처럼 하나님 한 분만으로 만족하는 밤의 노래를 부르는 자가 참된 그리스도인이라고 할 수 있습니다. 이제 우리는 날마다 축복만을 기다리는 어린아이가 되지 말고 오히려 밤이 오면 멋진 찬송으로 하나님을 찬양하는 사람이 되어야 합니다.

○ ○ ○ ○ ○ ○ ○ ○
밝아 오는 아침의 기쁨

밤의 노래의 고전이 또 하나 있습니다. 시편 30편을 쓴 다윗은 건강의 위기를 만나 자기가 지금 '스올에 내려가지나 않나' 하고 불안해하고 있습니다. 이럴 때 그는 밤의 찬송을 부릅니다.

> 주의 성도들아 여호와를 찬송하며 그의 거룩함을 기억하며 감사하
> 라 그의 노염은 잠깐이요 그의 은총은 평생이로다 저녁에는 울음이
> 깃들일지라도 아침에는 기쁨이 오리로다_시 30:4-5

밤의 노래

●

이 밤의 노래의 주제는 '아침의 기쁨'입니다. 오늘 저녁에는 나에게 슬픔이 있었지만 내일 아침에는 반드시 기쁨이 온다는 소망의 노래입니다. 지금 처해 있는 상황이 어떠하든지 너무 마음 쓰지 마십시오. 밤은 반드시 밝아 아침이 됩니다. 오늘의 모든 고통과 역경을 하나님께서 다 제거하시고 찬란한 아침 햇살을 안고 기뻐할 날을 반드시 주십니다. 그와 같은 소망을 바라보며 부르는 찬송이 바로 밤의 노래입니다.

우리는 모두 위대한 그리스도인이 되어야 합니다. 하나님의 손에 쓰일 만한 도구가 되어야 합니다. 그러기 위해서는 밤을 통과해야 합니다. 그리고 밤을 통과하면서 비통해 하는 사람이 아니라 밤에 노래하게 하시는 하나님을 만나 새 노래를 부를 수 있는 능력을 체험해야 합니다. 밤을 통과하기 전에 매력적인 그리스도인이 되리라고 생각하지 마십시오. 밤을 지나지 않으면 하나님이 원하시는 인격의 사람이 될 수 없습니다.

인생의 밤이 왔을 때 노래하십시오. 밤은 잠깐 지나가고 찬란한 태양이 떠오르는 아침이 밝아 올 것입니다.

5

당신의 반응은
무엇인가?

고난 속에서도 우리는 "주여, 내가 주님을 사랑합니다"라고 고백하며
강하고 담대하게 매일의 문제와 대결하는 용기 있는 사람이 되어야 합니다.

시편 31:1-14

1 여호와여 내가 주께 피하오니 나를 영원히 부끄럽게 하지 마시고 주의 공의로 나를 건지소서 2 내게 귀를 기울여 속히 건지시고 내게 견고한 바위와 구원하는 산성이 되소서 3 주는 나의 반석과 산성이시니 그러므로 주의 이름을 생각하셔서 나를 인도하시고 지도하소서 4 그들이 나를 위하여 비밀히 친 그물에서 빼내소서 주는 나의 산성이시니이다 5 내가 나의 영을 주의 손에 부탁하나이다 진리의 하나님 여호와여 나를 속량하셨나이다 6 내가 허탄한 거짓을 숭상하는 자를 미워하고 여호와를 의지하나이다 7 내가 주의 인자하심을 기뻐하며 즐거워할 것은 주께서 나의 고난을 보시고 환난 중에 있는 내 영혼을 아셨으며 8 나를 원수의 수중에 가두지 아니하셨고 내 발을 넓은 곳에 세우셨음이니이다 9 여호와여 내가 고통 중에 있사오니 내게 은혜를 베푸소서 내가 근심 때문에 눈과 영혼과 몸이 쇠하였나이다 10 내 일생을 슬픔으로 보내며 나의 연수를 탄식으로 보냄이여 내 기력이 나의 죄악 때문에 약하여지며 나의 뼈가 쇠하도소이다 11 내가 모든 대적들 때문에 욕을 당하고 내 이웃에게서는 심히 당하니 내 친구가 놀라고 길에서 보는 자가 나를 피하였나이다 12 내가 잊어버린 바 됨이 죽은 자를 마음에 두지 아니함 같고 깨진 그릇과 같으니이다 13 내가 무리의 비방을 들었으므로 사방이 두려움으로 감싸였나이다 그들이 나를 치려고 의논할 때에 내 생명을 빼앗기로 꾀하였나이다 14 여호와여 그러하여도 나는 주께 의지하고 말하기를 주는 내 하나님이시라 하였나이다

당신의 반응은
무엇인가?

　　　　시편 31편에서 우리는 고난의 심연
에 깊이 빠진 한 사람이 허우적거리며 고통하는 모습을 보게 됩니다.
그런데 왜 그 사람이 그렇게 되었는지에 관한 설명이 없습니다. 또한
구체적인 고난의 내용도 전혀 언급하지 않고 있습니다. 그러나 9절과
10절을 보면, 근심에 빠져 너무나 괴로워한 나머지 눈이 나빠지고, 나
중에는 정신적인 고통으로 그의 영혼이 상했다고 했습니다. 이렇게
육체적인 건강은 물론 정신적인 위협까지 받게 된 모습을 봅니다.

　고통이라는 것은 인간이 가장 풀기 어려운 난제입니다. 이 고통의
문제를 풀기 위해 그 원인을 끊임없이 추구하는 사람들을 보면 마치
헤라클레스가 괴물 히드라와 싸우는 모습과 비슷하다고 할 수 있습니
다. 그리스신화에 등장하는 괴물 히드라는 머리가 잘리면 또 생겨나
고, 잘리면 또 생겨나고 해서 끝없는 싸움의 연속이 이어집니다. 이처
럼 고통의 문제를 가지고 씨름하는 사람에게는 종점이란 없습니다.

　더욱이 시편 31편의 주인공은 믿음의 영웅인 다윗입니다. 다윗과
같이 하나님을 바로 믿는 신자에게 왜 이런 절망적인 고통이나 시련

이 존재합니까? 하나님이 살아 계시다면 고통하는 자의 고통을 덜어 주시는 것이 원칙이요, 형통함을 주시는 것이 당연한데 말입니다. 이것은 우리에게 대단히 어려운 문제입니다.

○ ○ ○ ○ ○ ○ ○
왜 고난이 오는가

우리가 고통, 혹은 고난의 문제에 대하여 쉽게 해답을 얻을 수 없는 것이 사실입니다. 이때 분명한 것은 현대 그리스도인들이 고통의 문제를 바로 이해하지 못하고 있다는 것입니다. '하나님은 곧 축복'이라는 공식을 가지고 사람들을 가르치는 현대 교회의 흐름을 따르면, 고난이란 도무지 용납할 수 없는 것으로 보입니다. 만일 믿음 좋은 사람에게 고난이 따르면 그것은 마귀의 장난이요 죄의 값을 받는 저주의 결과로 생각하게 합니다. 그래서 고난은 절대로 존재할 수 없다는 관념을 갖게 됩니다. 그러나 우리가 성경을 통해 발견할 수 있는 진리는 성도에게 찾아오는 고난이 무조건 죄의 심판이거나 마귀의 장난이라고 단정할 수 없다는 것입니다. 그렇다고 하나님이 진노하셔서 내리는 불타는 복수도 아닙니다. 여기에는 깊고 심오한 뜻을 담고 있다는 것이 성경 전체가 가르쳐 주는 의미입니다. 물론 그 가운데는 하나님의 진노로 오는 고난도 있습니다. 그러나 여기서 다루는 것은 '하나님을 믿고 죄 용서함을 받은 거룩한 자녀에게 왜 고난이 오느냐?' 하는 것입니다.

우리가 잘 아는 바와 같이 이 세상은 이미 고물이 된 여객선과 같습니다. 이미 죄로 인해 썩을 대로 썩은 고물 여객선입니다. 언제 물이 샐지 모르며, 언제 파도가 옆 모퉁이를 깨뜨릴지 모릅니다. 그리고 언제 엔진이 고장 나서 넓은 바다를 방황하다가 바닷속으로 침몰할지도 모릅니다. 이것이 소위 인간이 사는 세상입니다. 이런 형편에 놓인 인간이기 때문에 고통의 체험이 자주 일어나는 것은 불가피한 것입니다. 그러나 신자에게 주어진 고통은 하나님께서 무엇인가를 이루기 원하시고, 이 고통을 통하여 깨닫게 하시며 성도들을 보다 높은 수준으로 올려 주시고자 하는 선하신 뜻이 있습니다.

C. S. 루이스는 "고통은 하나님의 확성기이다"라고 말했습니다. 우리가 어떤 일에 고통을 당하면 가슴에서 소리칩니다. 자신에게 무엇인가 잘못되었다는 비상벨이 울립니다. 그래서 잘못된 방향으로 달려가던 발을 멈추게 하고 다시 새로운 가치를 향해 나아가도록 합니다.

한센병 치료의 세계적 권위자라고 할 수 있는 폴 브랜드(Paul Brand, 1914-2003) 박사는 미국에서 평생 고통당하는 한센병 환자들을 위해서 일했습니다. 그런 그가 고통에 대하여 다음과 같은 의미 있는 말을 했습니다.

"고통을 만드신 하나님께 감사하라. 나는 그가 그보다 더 좋은 일을 하실 수 있다는 것을 믿지 않는다."

도대체 이해할 수 없는 말입니다. 그러나 한 번 생각해 보십시오. 나환자가 빨갛게 피어 있는 숯불 속에 손을 집어넣어 밤을 꺼내는 것을 보면 나환자의 비극은 병 그 자체라기보다도 고통을 아는 신경이 마비되었다는 데에 있습니다. 그러므로 나환자를 평생 동안 지켜본 브랜드 박사의 "나환자의 비극은 육체가 고통을 느끼지 못한다는 그 사실에 있다"라는 말은 의미심장한 말입니다. 그런 체험을 토대로 하여 그는 자신 있게 말합니다.

"고통을 주신 하나님께 감사하라. 우리의 몸이 조금이라도 아픈 줄 아는 것이 얼마나 감사한가? 위험한 때 피할 수 있는 것이 얼마나 감사한가?"

당신의 반응은 무엇인가?

●

이것은 영적인 의미에서도 마찬가지입니다. 인간에게 고통이 전혀 없고 예수님을 믿는 사람에게 항상 축복만 임한다고 한다면 이상한 세계가 이루어질 것입니다. 만일 고통을 자주 주시는 하나님께 감사할 수 있다면 그 사람은 고난을 바로 이해한 사람입니다.

하나님만을 바라보는 사람

이제 고난을 바로 이해한 사람이 보이는 반응과 거기에 따르는 은혜를 생각해 보겠습니다.

고난을 바로 이해한 사람은 신앙적인 반응을 보입니다. 본문을 읽으면 정서적으로 매우 혼란스럽습니다. 본문의 흐름을 보면 좋아했다가 울고, 절망했다가 소망을 가지는 아주 복잡한 상황입니다. 이것이 고난 당하는 사람의 현실입니다. 불안과 비극을 만난 사람에게 무슨 정서적인 평안과 안정이 있겠습니까? 본문의 저자가 그의 고통스러운 환경에서 건져 달라고 다급하게 하소연을 하는 장면이 열 번 이상 나오는 것은 조금도 이상할 것이 없습니다. 그런가 하면 자신의 불행해진 상황을 놓고 너무나 괴로워서 탄식하는 장면을 9절과 10절에서 볼 수 있습니다. 이것이야말로 자신의 비극을 앞에 놓고 눈물로 밤을 새우는 처절한 모습입니다. 그러나 여기서 끝나지 않습니다. 두려움과 무기력 앞에 떨고 있는 소심한 모습도 볼 수 있습니다. 13절에는 "사람들이 다 나를 치려고 꾀를 부리고 있습니다. 간교한 사람들이 함정을 파고 있습니다"라고 하며 위험 앞에서 느끼는 자신의 무력함을 그대로 드러내고 있습니다.

또한 시편 31편 17절과 18절에는 "주여, 저 악한 자들로 하여금 스올에서 잠잠하게 하옵소서 저 교만하고 완악한 자들로 하여금 말 못하는 자가 되게 하소서"라고 하며 원망과 복수에 떨고 있습니다.

본문 5절에서는 자기의 생명이 행여나 어떻게 될지 몰라 "주여, 내 영을 주의 손에 부탁하나이다"라고 하는 비장한 최후를 생각하고 있습니다.

성경은 고난 속에서 기뻐하라고 했습니다. 그러나 무조건 고난과 고통을 즐거워하여 자기 학대적인 사고를 키우라고는 말하지 않습니다. 그리고 마음은 괴롭고 슬픈데 겉으로는 항상 웃고 다니는 위선자가 되라고 가르치지도 않습니다.

아브라함은 늙어서 아내를 잃었습니다. 그가 얼마나 슬펐는지 늙은 사람이 통곡을 했다고 했습니다. 다윗은 반란이 일어나자 쫓겨 가면서 세상 부끄러운 줄 모르고 그 점잖은 임금님이 신발을 벗은 채 티끌을 머리에 날리며 통곡했습니다.

인간은 누구나 똑같습니다. 나사로가 죽었을 때 예수님이 찾아오셨습니다. 얼마 후면 그가 살아날 것을 알고 계셨습니다. 그런데도 주님께서는 탄식하고 괴로워하는 사람들 틈에 끼어서 친히 비통해 하고 눈물을 흘리셨습니다. 그러므로 우리는 고난 당하는 사람을 성급하게 위로하려고 해서는 안 됩니다. 당해 보지 않으면 아무도 그 고통을 모르는 것입니다. 값싼 몇 마디의 충고를 가지고 상식적인 위로를 하는 것은 더욱 그를 괴롭게 할 뿐입니다.

얼마 전에 남편을 잃은 어떤 자매에게 카드를 받았습니다. 그 카드에는 "목사님! 병원에서 저에게 '남편은 먼저 떠나가도 하나님은 절대로 자매님 곁을 떠나지 않습니다. 이것을 꼭 믿으세요'라고 하신 말씀이 저에게는 대단히 큰 힘이 되었습니다"라는 내용이 적혀 있었습니다.

사람이 감당하기 힘든 어려움을 당할 때는 누구나 그 반응이 본문의 저자처럼 복잡하기 마련입니다. 그러나 그리스도인이 고난 속에서 세상 사람들과 똑같은 정서적인 불안, 눈물, 탄식, 원망, 다급한 하소연 등을 한다고 할지라도 둘 사이에는 근본적으로 다른 점이 있습니다. 본문 14절이 그 대표적인 말씀입니다.

"여호와여 그러하여도 나는 주께 의지하고 말하기를 주는 내 하나님이시라 하였나이다." 이 말씀에서 우리는 신앙적 반응이란 어떤 것인가를 보게 됩니다.

첫째로 "그러하여도"란 말에 묘미가 있습니다. 이 말속에는 신앙인의 강한 확신이 담겨져 있습니다. 고통이 아무리 힘겹고, 주변이 아무리 캄캄하다 할지라도 하나님 때문에 소망이 있다는 신념을 보여 줍니다. 예수님을 모르는 사람들에게는 "그러하여도"가 없습니다. 그러나 그리스도인은 다윗과 같이 '그러하여도 나는 하나님께 나아갑니다'라는 자세를 가집니다.

제2차 세계대전 때 악명 높았던 '홀로코스트'를 기억하십니까? 6백만 명의 유태인을 비참하게 집단 학살한 곳입니다. 거기에서 살아남은 위젤(Eliezer Elie Wiesel, 1928–2016)이라고 하는 사람은 선민으로서의 강한 자부심을 가졌던 자기 민족이 도살장으로 끌려가는 소보다 못한 비참한 대우를 받으며 남녀노소 할 것 없이 가마솥에서 연기로 화하는 것을 보고 그는, "하나님은 죽었다. 만일 하나님이 살아 있다면 나는 원고요, 그는 피고다"라는 글을 썼습니다.

'하나님이 살아 있다면 어떻게 이럴 수가 있겠는가? 나는 억울해서 절대로 가만히 있을 수 없다'는 원고의 심정이 되어 하나님을 고소하고 있었습니다. 실은, 이것이 세상 사람들의 일반적인 반응입니다. 그러나 그리스도인에게는 "그러하여도"라는 반응이 있습니다. 아무리 어려움과 고통이 앞을 가로막아도 원망대신 주님을 힘 있게 부르겠다는 반응을 보이게 됩니다.

다음은 "주는 내 하나님이시라 하였나이다"(14절)라는 고백입니다. 이런 고백은 보통 어려운 것이 아닙니다. 욥의 경우를 보아도 잘 알 수 있습니다. 그는 모든 것을 다 가졌던 사람이었으나 모든 것을 다 잃어버리고 나중에는 건강까지 송두리째 빼앗긴 사람이 되었습니다. 이때 고통하며 괴로워하는 그에게 그의 아내가 보다 못해 한마디 했습니다.

"여보, 그래도 당신이 하나님을 믿는다고 해요? 다 집어치우고 차라리 하나님을 욕하고 죽어 버리세요"(욥 2:9 참조). 이 말을 남기고 그녀는 도망가고 말았습니다. 이때 욥은 이렇게 말합니다(욥 2:10 참조).

"그대 말을 들으니 어리석은 여자의 말 같구려. 우리가 하나님 앞에 복을 받았은즉 재앙도 받지 아니하겠는가? 그런데 내가 어떻게 하나님을 저주하고 죽을 수 있다는 말이요?" 이것이 고난 속에서 드리는 "주는 내 하나님입니다"라는 고백의 의미입니다.

우리가 생을 살다 보면 예측하지 못한 고통을 안고 괴로워할 때가 많습니다. 예수님을 믿기만 하면 한순간에 고통이 행복으로 변할 것으로 믿는 사람들이 있습니다. 그러나 하나님은 자주 우리의 기대와는 다르게 인도하십니다. 이럴 때 우리는 "그러하여도 나는 주께 의지합니다. 주는 내 하나님입니다"라고 고백할 수 있어야 진정한 그리스도인입니다.

하나님께서 고난 속에 있는 우리의 기도를 들으시기 전에 먼저 살피시는 것이 있습니다. 그것은 바로 우리 마음의 태도입니다. 그가 우리를 고난 중에 여전히 남겨 놓으실 때에 나타나는 우리 마음의 반응입니다.

고난을 감사로 바꾸는 능력

신앙적인 반응을 보이며 하나님을 찾는 자에게 주시는 은혜가 있습니다. 다윗은 이렇게 고백합니다. "주를 두려워하는 자를 위하여 쌓아두신 은혜 곧 주께 피하는 자를 위하여 인생 앞에 베푸신 은혜가 어찌 그리 큰지요"(시 31:19).

이 말씀에서 우리의 눈을 끄는 것은 "쌓아 두었다"는 단어입니다. 현대판 영어 성경에는 "숨겨 두었다"는 말로 표현하고 있습니다. 하나님은 왜 드러내 놓지 않고 숨겨 두실까요? 이것은 고난 가운데서 신앙으로 긍정적인 마음의 태도를 가지는 사람의 눈에만 보이도록 특별한 자리에 두고 계신다는 의미입니다. 형식적인 신앙인은 발견할 수 없는 은혜입니다. 조금만 아파도 하나님이 없다고 소리치는 사람과는 관계가 없는 은혜입니다. 무슨 일을 하다가 조금만 손해를 보아도 예수님을 믿는 것을 후회하는 사람에게는 전혀 잡히지 않는 은혜입니다. 그러면, 이 은혜란 대체 무엇일까요?

본문 8절을 보면 "나를 원수의 수중에 가두지 아니하셨고 내 발을 넓은 곳에 세우셨음이니이다"라고 했습니다. 여기서 "넓은 곳"이라는 말에 주의합시다. 그리고 31장 20절에는 "주께서 그들을 주의 은밀한 곳에 숨기사"라고 했습니다. 여기서 우리는 "은밀한 곳"이라는 말을 발견하게 됩니다.

"넓은 곳"과 "은밀한 곳"은 둘이 서로 대조적인 것같이 보입니다. 그러나 그리스도인으로서 심각한 고난을 한 번 경험해 본 사람이면 이 두 곳이 무엇을 의미하는가를 어느 정도 알고 있습니다.

"은밀한 곳"을 '하나님의 면전'이라고 번역할 수 있습니다. 그곳은 주님과 단둘이 만나는 곳으로, 기도하는 장소입니다. 우리가 고난을 당할 때 확 트인 넓은 곳도 필요하지만 어떤 때는 사람도 만나기 싫고 혼자서 실컷 울고 몸부림칠 수 있는 은밀한 장소가 필요합니다. 아픈 마음을 다 이해해 주는 사람이 있다면 마음에 있는 모든 고통을 다 털어놓고 싶은 것이 슬픈 일을 당한 사람의 심정입니다. 괴로운 자가 찾아가는 은밀한 곳은 바로 하나님과 만나는 곳이요, 주님께 깊이 기도하는 곳입니다. 이곳은 상한 마음을 치료하시는 놀라운 하나님의 위로가 있는 곳입니다. 풍랑 가운데서도 깊이 잠들 수 있는 곳입니다.

어떤 전도사님이 과거에 수년 동안 고난을 당했을 때, 그가 체험한 것을 한마디로 요약해서 이렇게 말하는 것을 들었습니다.

"목사님! 그 당시에는 내 주변이 온통 막혀 있었어요. 사방에 문 하나 없이 막혀 버리니까 뚫린 곳이라고는 하늘뿐이었습니다."

그 뚫린 곳을 통하여 우리가 다다를 수 있는 곳은 하나님의 면전, 바로 "은밀한 곳"입니다. 하나님은 고난 당하는 자가 그를 의지할 때 그의 은밀한 곳으로 인도하십니다. 그 은밀한 하나님과 만남의 세계에 들어가면 드디어 우리는 하나님을 만났던 욥처럼 스스로 한탄하며 티끌과 죄악으로 인한 모든 것을 회개하게 됩니다. 고난의 풀무를 통하여 우리를 순금같이 연단하시는 하나님의 깊은 지혜를 깨닫게 됩니다. 진정으로 겸손한 자, 심령이 가난한 자가 되는 곳이 바로 이런 곳입니다. 그때 하나님께서 그 마음에 천국을 소유하게 하시고 기쁨을 맛보게 하십니다.

이 은밀한 곳에서 우리는 고난을 감사로 바꾸는 능력을 체험하게 됩니다. 또 고난 속에서 하나님이 주시는 평안을 소유할 수 있게 됩니다. 그리고 우리를 대적하던 악한 자들의 모든 계교가 무너지는 것을 보게 됩니다.

압살롬에게 쫓겨 가던 다윗이 은밀한 곳에서 주님께 부르짖을 때

소식이 왔습니다. 타의 추종을 불허하는 뛰어난 지혜를 가진 당대의 전략가 아히도벨이 다윗을 반역하여 압살롬과 손을 잡았다가 그의 작전이 무시를 당하자 자살해 버렸다는 소식이었습니다. 아히도벨의 자살은 결국 압살롬의 멸망을 가져왔습니다. 이처럼 하나님께서는 우리가 전혀 기대하고 예측하지 못하는 방법으로 우리를 고난에서 끌어내십니다. 어려워 보이는 것이 쉬워지고, 캄캄하게 보이던 곳에 여명이 비취고, 출입구가 전혀 없던 곳에 문이 열리는 큰소리가 들립니다. 이런 은혜를 체험하는 장소가 바로 "은밀한 곳"입니다.

당신은 고통이 올 때마다 찾아가는 골방을 가지고 계십니까? 그곳은 정말 우리가 울고 들어갔다가 웃으면서 나올 수 있는 하나님의 존전입니다.

"넓은 곳"은 오늘의 고난을 딛고 내일을 바라보는 소망을 의미합니다. 하나님께 가까이 나오는 자에게 하나님은 멀리 내다볼 수 있는 눈을 열어 주십니다. 모든 것을 포용할 수 있는 넓은 마음을 주십니다.

모세가 시내산 광야에서 2백만 명이 넘는 그의 백성을 인도하면서 고통스러울 때마다 자주 올라간 곳이 있었습니다. 우리가 잘 아는 호렙산입니다. 그리고 그의 말년에 가나안 땅을 눈앞에 두고도 들어갈 수 없는 자기의 처지를 알고 괴로워할 때 하나님께서 모세를 불러올리신 곳이 느보산이었습니다.

모세나 갈렙이 120살이 되도록 건강할 수 있었고 시력이 쇠하지 않은 이유는 그들이 괴로울 때마다 올라가서 멀리 내다보고 크게 호흡할 수 있었던 높고 넓은 소망의 산이 있었기 때문입니다. 호렙산 꼭대기에 올라가서 하나님이 마련한 넓은 곳에 서면 오늘의 광야가 내일에는 젖과 꿀이 흐르는 아름다운 가나안 땅으로 변하는 큰 비전을 회복할 수 있었습니다.

고난을 당할 때 하나님이 인도하시는 넓은 곳을 아십니까? 답답하던 마음을 활짝 열어 주시는 하나님의 은혜를 체험하신 적이 있습니까? 오늘은 괴로움의 연속이지만 내일은 하나님이 반드시 인도하시고 모든 어려운 사정을 도와주실 것이라는 믿음의 소망을 가진 사람이 바로 넓은 곳에 선 사람입니다. 우리의 당대에는 원하는 것이 다 이루어지지 않고 어떤 면에서는 좀 초라하게 인생을 산다고 할지라도 우리 후대에 가면 하나님이 반드시 큰 은혜를 주실 것을 믿는 마음이 그리스도인에게는 있어야 합니다. 바울은 환난과 궁핍과 곤란과 매맞음과 자지 못함과 말할 수 없는 시련 속에서 허덕일 때 이렇게 고백했습니다.

> 죽은 자 같으나 보라 우리가 살아 있고 징계를 받는 자 같으나 죽임을 당하지 아니하고 근심하는 자 같으나 항상 기뻐하고 가난한 자 같으나 많은 사람을 부요하게 하고 아무것도 없는 자 같으나 모든 것을 가진 자로다_고후 6:9-10

바울은 넓은 곳에 서 있었습니다. 그렇지 않다면 그 혹심한 고난 속에서 어떻게 이런 패기(覇氣) 있는 고백이 나올 수 있습니까? 하나님은 자기를 의지하는 자를 고난 속에서 넓은 곳으로 인도하여 세워 주시고 눈을 열어 주시며 마음을 열어 주십니다. 우리는 이 은혜를 확신해야 합니다.

. . . .
사랑과 용기가 있는 사람

시편 31편은 하나님께서 고난 중에 있는 성도에게 무엇을 요구하시는

당신의 반응은 무엇인가?

●

가를 가르쳐 줍니다. "너희 모든 성도들아 여호와를 사랑하라 여호와 께서 진실한 자를 보호하시고 교만하게 행하는 자에게 엄중히 갚으시 느니라 여호와를 바라는 너희들아 강하고 담대하라"(23-24절).

하나님은 고난 속에 있는 자에게 "주여, 내가 주님을 사랑합니다" 라는 말을 듣기 원하십니다. 그리고 고난 속에서 비겁하지 않고 강하 고 담대하기를 원하십니다.

만일 신자가 고난 속에서 비겁해지고 절망하면 그것은 하나님이 죽 었다고 하는 간접적인 고백이나 다름없습니다. 하나님은 불 가운데서 도 우리와 동행하시고 물 가운데를 지날 때에도 우리와 함께하신다고 약속하셨습니다(사 43:2). 요한복음 16장 33절에서도 "세상에서는 너희 가 환난을 당하나 담대하라 내가 세상을 이기었노라"고 주님께서 분 명히 보장하고 계십니다.

우리는 이 세상 마지막 순간까지 고난을 면제받은 삶을 살고 있는 것이 아닙니다. 누구나 고난을 각오하고 살아야 합니다. 고난이 그치 면 하나님이 주시는 형통도 있다는 것을 알아야 합니다. 하늘에 구름 이 덮여 눈발이 날리는가 하면 얼마 안 가서 구름 사이로 햇살이 힘 있 게 뻗치는 것을 봅니다. 그리고 오늘 태양이 찬란하게 비치면, 언젠가 는 또 먹구름이 낄지도 모릅니다.

하나님을 잘 섬길 수 있는 사람은 형통할 때나 고난 당할 때 하나님 만을 바로 바라보는 사람입니다. 가시밭길을 이리저리 피하고 다니는 사람이 되어서는 안 됩니다. 그리고 믿음으로 하나님이 인도하시는 '넓은 곳'과 '은밀한 곳'을 날마다 사모합시다. 고난 속에서도 "주여, 당 신을 사랑합니다"라고 고백하며 강하고 담대하게 매일의 문제와 대결 하는 용기 있는 사람이 되어야 합니다.

6

발은 차꼬에
마음은 하늘에

마음을 하나님 나라에 두어야 합니다. 그러면 아무리 토굴과 같은 곳에 처해도,
세상 사람들이 보기에는 즐거움도 없을 것 같고 기쁨도 없을 것 같을지라도
마음이 하늘에 가 있으면 어떤 환경도 천국으로 바꿀 수 있습니다.

사도행전 16:19-34

19 여종의 주인들은 자기 수익의 소망이 끊어진 것을 보고 바울과 실라를 붙잡아 장터로 관리들에게 끌어갔다가 20 상관들 앞에 데리고 가서 말하되 이 사람들이 유대인인데 우리 성을 심히 요란하게 하여 21 로마 사람인 우리가 받지도 못하고 행하지도 못할 풍속을 전한다 하거늘 22 무리가 일제히 일어나 고발하니 상관들이 옷을 찢어 벗기고 매로 치라 하여 23 많이 친 후에 옥에 가두고 간수에게 명하여 든든히 지키라 하니 24 그가 이러한 명령을 받아 그들을 깊은 옥에 가두고 그 발을 차꼬에 든든히 채웠더니 25 한밤중에 바울과 실라가 기도하고 하나님을 찬송하매 죄수들이 듣더라 26 이에 갑자기 큰 지진이 나서 옥터가 움직이고 문이 곧 다 열리며 모든 사람의 매인 것이 다 벗어진지라 27 간수가 자다가 깨어 옥문들이 열린 것을 보고 죄수들이 도망한 줄 생각하고 칼을 빼어 자결하려 하거늘 28 바울이 크게 소리 질러 이르되 네 몸을 상하지 말라 우리가 다 여기 있노라 하니 29 간수가 등불을 달라고 하며 뛰어 들어가 무서워 떨며 바울과 실라 앞에 엎드리고 30 그들을 데리고 나가 이르되 선생들이여 내가 어떻게 하여야 구원을 받으리이까 하거늘 31 이르되 주 예수를 믿으라 그리하면 너와 네 집이 구원을 받으리라 하고 32 주의 말씀을 그 사람과 그 집에 있는 모든 사람에게 전하더라 33 그 밤 그 시각에 간수가 그들을 데려다가 그 맞은 자리를 씻어 주고 자기와 그 온 가족이 다 세례를 받은 후 34 그들을 데리고 자기 집에 올라가서 음식을 차려 주고 그와 온 집안이 하나님을 믿으므로 크게 기뻐하니라

발은 차꼬에
마음은 하늘에

　　　　　　　　부산 해운대에서 횟집에 들렀을 때
의 일입니다. 주인 아주머니에게 맛있는 것으로 한 마리 만들어 달라
고 했더니 살아 있는 도미를 보이면서 "회는 누가 뭐라해도 싱싱해야
맛이 있죠"라고 하는 말을 들은 적이 있습니다. 마찬가지로, 성경 본문
도 다 하나님의 말씀이고, 살아 계신 하나님의 음성이지만 어떤 때는
새롭게 느껴지는 본문이 있다고 생각합니다. 그래서 설교 때마다 가급
적이면 살아 있는 하나님의 말씀을 각을 떠서 맛있게, 성도들 모두가
즐거워하면서 먹을 수 있도록 전하려고 노력하고 있습니다. 바로 이
말씀이 살아 움직이는 싱싱한 말씀이라고 생각됩니다. 이 살아 있는
말씀이 우리의 마음속에 다시 한번 은혜로 역사하기를 바랍니다.

바울과 실라

성령은 바울이 아시아에서 선교하는 것을 막고, 그를 유럽으로 인도
하셨습니다. 바울이 유럽에 건너와서 처음으로 선교를 시작한 곳이

바로 빌립보라는 성입니다. 그런데 여기서 바울과 실라가 당한 어려운 시련을 보면 기가 막힙니다. '어떻게 성령께서 여기까지 이끌어 놓으시고, 이렇게 감당하기 어려운 핍박과 시련을 당하게 하시는가' 하는 의문이 생길 정도입니다. '얼마든지 이런 핍박은 막아 주실 수도 있고, 피하게 해 주실 수도 있으실 텐데. 왜 하나님의 나라를 위하여 이토록 몸을 바쳐 충성하는 사람들에게 이런 어려운 일을 당하게 하실까?' 이와 같은 생각을 하면, 그들이야말로 하나님을 원망할 수밖에 없는 상황에 놓여 있었습니다. 그러나 바울과 실라의 입에서는 탄식 대신 찬송과 기도가 흘러나왔습니다.

여기서 잠깐 생각해야 할 진리가 있습니다. 기독교는 자기의 구미에 맞는 형통이나 복을 받는 수단으로 믿는 종교가 아니라는 것입니다. 오늘의 현대 교회 안에 기독교를 자기중심적인 수단으로 사용하는 그리스도인들이 많다는 것은 통탄할 일입니다. 기독교의 신앙은 세상에 빠지는 어떤 수단이 아니라, 세상 위를 날아가는 수단입니다. 우리가 인생을 살아갈 때 고난이 없을 수 없습니다.

만약에 만사형통만의 신앙을 추구하는 사람이 이 말씀을 보았다면, 아마도 납득하기 어려울 것입니다. 어떻게든 반발해 보려고 할 것입니다. 그렇다면 그는 하나님의 뜻을 배척하는 자요, 기독교 신앙의 본질에서 이탈하고 있는 사람이라고도 할 수 있습니다. 만일 그런 뜻으로 신앙생활을 한다면 그 사람은 근본적으로 길을 잘못 들어온 것입니다.

바울은 빌립보에서 매를 맞았습니다. 고린도후서에 보면 그가 태장으로 세 번 맞았다고 했는데, 이 말씀에 나오는 것이 태장으로 세 번째 맞는 장면입니다. 태장이 무엇인지는 잘 모르지만 대단히 무서운 체형임에는 틀림없습니다. 구약시대에는 하나님께서 아주 몹쓸 죄를 범한 죄수의 경우 40대까지만 때리도록 허락하셨습니다. 왜냐하면 40대 이상을 때리면 그 사람을 멸시하고 천대하는 일이 되므로 사람을 사람으로 대우해 주라는 의미였습니다.

우리말에 "개 패듯이 팬다"는 말이 있습니다. 이 말은 '사람대우를 안 한다'는 뜻입니다. 하나님은 매를 맞는 죄인도 인격적으로 대우를 하라고 하십니다. 그런데 바울을 때리고 있는 이 로마 사람들은 사람 대우는커녕, 자기들이 때리고 싶은 대로 때렸습니다. 바울과 실라는 하나님의 복음을 위하여 마치 개 취급을 당했습니다.

두 사람이 갇힌 감옥은 소위 지하 감옥이라는 곳입니다. 습기가 가득하고 악취가 코를 찌르고 병균이 우글거리는 무서운 곳입니다. 들어가자마자 간수가 와서 두 사람을 차꼬에 채웠다고 했습니다. '차꼬'란 우리말로 '족가'라고도 합니다. 혹은 '취음'이라고 하는 옛말도 있습니다.

'차꼬'란 목을 넣는 대신에 두 발을 넣도록 구멍을 뚫어 놓은 것입니다. 그런데 로마 시대에 사용하던 차꼬는 동양에서 사용하던 것보다 잔혹했다고 합니다. 왜냐하면 가장 불편하고 고통스러운 자세로 두 다리를 벌리고 있지 않으면 안 될 넓이로 뚫어 놓은 두 구멍에 한 발씩 집어넣게 되어 있었기 때문입니다. 이런 점들을 고려해 볼 때 바울과 실라가 처한 상황이 어떠했는지는 가히 짐작할 수 있습니다. 그런데 이런 형편에 빠져 있는 두 사람의 입에서 신음 소리 대신에 기도가, 원망이나 저주 대신에 찬양이 흘러나왔습니다. 같은 감옥에 있는 모든 죄수들이 다 들을 수 있을 만큼 그들은 당당하게 기도하고, 당당하게 찬송했습니다. 밤에 지옥의 어두움이 전율을 느낄 만큼 그들은 능력 있는 기도와 능력 있는 찬송을 했습니다.

무슨 기도일까요? 기도와 찬양이 이렇게 이어질 때는 찬양이 기도가 되고 기도가 찬양이 됩니다. 무슨 찬미일까요? 바울이 쓴 하나님의 말씀을 하나하나 검토해 보면 대충 이런 내용이었을 것입니다.

"예수의 이름을 위하여 매를 맞고 모욕을 당하고 핍박당하는 자격자가 된 것을 감사합니다."

초대 교회의 수많은 순교자들이 "오, 주여! 나에게 이와 같은 영광 주신 것을 감사합니다" 하고 즐거움으로 고난을 받았듯이 바울과 실라 역시 감사 기도를 드렸습니다. 그들은 오히려 쇠사슬에 매여 있는 자신을 통하여 복음이 더 힘 있게 빌립보에 전파되게 해 달라고 기도했을 것입니다. 그들은 토굴에 갇혀 있으면서도 핍박하던 자들을 위하여 기도했을 것입니다.

우리는 이 두 사람을 통하여 부끄러움을 느껴야 합니다. 도전을 받아야 합니다. 예수님의 제자는 당연히 이 두 사람처럼 되어야 한다고 가르치는 것이 바로 이 말씀입니다. 또한 예수님을 믿는 사람이면 누구나 이 정도는 할 수 있다는 가능성을 우리에게 보여 주고 있습니다.

주님은 우리도 그렇게 할 수 있다고 말씀하십니다. 그렇게 할 수 없다면 바울이 믿는 예수님과 우리가 믿는 예수님은 다를지도 모릅니다. 바울이 가진 신앙과 우리가 가진 신앙에 거리가 있을지도 모릅니다. 그러나 사실은 거리가 없습니다. 우리도 할 수 있습니다. 그럼에도 불구하고 그렇게 하지 못하는 우리 자신을 볼 때 도전과 충격을 받게 되며, 부끄러움을 느끼게 된다는 말입니다. 그러나 한국을 위시해서 오늘날 역사상에 나타났다가 사라진 많은 믿음의 선배들을 하나하나 자료를 통하여 살펴보면 그야말로 그들은 바울과 실라와 같은 생활을 했음을 알 수 있습니다. 토굴에서 찬송했습니다. 화형틀 앞에서 하나님께 기도했습니다. 가난과 고통 속에서도 그들의 얼굴은 웃음을 잃지 않았습니다. 너무나 멋있는 그리스도인들이 과거 우리 한국에도

고통에는 뜻이 있다

86

얼마나 많았는지 모릅니다.

고통스러운 한국전쟁 와중에도 항상 기쁨과 웃음을 잃지 않고 모일 때마다 찬양과 감사의 예배를 하나님께 드리던 목사님, 장로님, 집사님들의 모습을 저는 아직도 생생하게 기억하고 있습니다. 이것은 예수님 안에서 누구나 다 바울과 실라처럼 할 수 있다는 이야기입니다.

지하 감옥에서 천국을

루마니아의 목사로서 공산주의자들에게 붙잡혀 14년 동안 감옥살이를 하다가 출옥하여 서방으로 추방당한 목사 한 분이 계십니다. 리차드 범브란트(Richard Wurmbrand, 1909- 2001) 목사입니다. 그가 쓴 《하나님의 지하 운동》이라는 책의 서문을 읽다가 가슴이 뭉클함을 느꼈습니다. 왜냐하면 14년 동안 감옥에서 독방 생활을 하다가 풀려나는 날 아침의 기분을 이렇게 기록해 놓았기 때문입니다.

"감옥에서 보낸 햇수가 저에게 너무 긴 것으로 여겨지지 않았던 것은 홀로 독방에 갇혀 있으면서도 믿음이나 사랑을 넘어선 어떤 기쁨을 하나님 안에서 발견하였기 때문입니다. 그 기쁨이란, 이 세상 어느 것에도 견줄 수 없는 아주 깊고도 특이한 황홀경 같은 것이었습니다. 그래서 내가 감옥에서 나올 때는 마치 수십 리에 뻗쳐 있는 시골의 아름다운 평화를 내려다볼 수 있는 산정에서 갑자기 평지로 내려온 것과 같은 느낌을 가지게 되었습니다."

이런 사람의 기쁨과 찬양이 바로 빌립보 토굴 속에서 밤에 찬양하고 기도했던 바울의 기쁨과 똑같은 성격의 것입니다.

1618년부터 30년 동안 유럽 대륙을 할퀴고 휩쓸어서 초토화시켰던 '30년 전쟁'이라는 무서운 전쟁이 있었습니다. 우리가 생각하기에는 모든 사람들이 그야말로 원망과 불평과 자학과 절망 속에서 헤어나지 못했었을 것 같습니다. 그러나 놀라운 것은 그와 같은 무서운 전쟁의 소용돌이 속에서 역사적으로 은혜로운 찬송들이 가장 많이 쏟아져 나왔다는 것입니다.

17세기 말의 음악가 환켄 나우어가 30년 전쟁 동안 경건한 성도들의 입을 통하여 불린 찬송가들을 수집해 보았더니 32,712곡이나 되었습니다. 몇 년 후에 웨첼이라고 하는 음악가가 다시 수집하고 정리해 본 결과 5만 5천 곡으로 늘어났습니다. 30년 간의 전쟁을 통하여 평화스러울 때 부르지 못하던 찬송이 성도들의 입을 통해 샘솟듯 쏟아져 나왔다는 것은 무엇을 의미할까요? 하나님의 자녀라면 누구나 똑같이 할 수 있다는 것을 보여 주는 웅변적인 교훈입니다.

오늘 우리가 살고 있는 현실은 바울과 실라가 당했던 이런 극한 상황에 비하면 얼마나 천국과 같은 환경입니까? 그러면서도 기도와 찬양의 능력을 상실했다고 생각할 때 부끄럽지 않습니까? 짜증과 불평, 불만의 마귀에게 마음대로 노략질당하는 그리스도인들이 오늘의 교회 안에 많은 것을 볼 때에 하나님께서 얼마나 섭섭해하시겠습니까?

사랑의교회에서 '사랑의 생활화 세미나'를 하면서, 고린도전서 13장 4절 이하에 나오는 사랑의 조건들을 놓고, 형제들이 '나는 왜 사랑을 실천하지 못하는가?'라는 주제로 자기의 입장을 한 사람씩 발표한 일이 있었습니다. 가장 많이 걸린 부분이 "성내지 아니하며"라는 부분이었다고 합니다. 신자는 참사랑을 가지고 있기 때문에 성을 내지 않는다고 하는데 자기는 너무나 성을 잘 낸다고 고백한 분들이 많다는 것입니다. 이 말은 짜증을 많이 낸다는 말이요, 불만이 많다는 말이며, 찬송이 그 속에 없다는 말입니다.

많은 신자들이 왜 이와 같은 상황에 놓여 있을까요? 바울과 실라에 비하면 화를 낼 일이 전혀 없을 것 같은데 말입니다. 토굴 대신에 쾌적한 방에서 살고 있고, 태장으로 매를 맞아 피투성이가 된 몸 대신에 올리브유로 마사지를 하면서 사는 사람들인데 왜 불평과 불만이 찬송을 대신합니까? 우리의 발이 차꼬에 매여 있는 대신에 여름이면 여름 구두, 겨울이면 겨울 구두, 발에 맞는 대로 신고 다닐 수 있는 사람들인데 왜 찬양을 못합니까?

조금만 몸이 불편해도 우리는 견디지 못합니다. 자리가 조금만 좁아도 짜증을 내고 여름이면 깔깔이 이불을 깔아야 기분이 조금 가라앉습니다. 순모로 만든 옷감이라야 마음에 들어 하고 실크로 만든 셔츠라야 입으려고 합니다. 무공해 식품이니 에어로빅 댄스니 하면서 모든 것이 부족하지 않은 분위기 속에서 살면서도 기도와 찬송이 없습니다.

빌립보 감옥에 갇혀 있던 죄수들은 그야말로 복이 많은 사람들이었습니다. 그 이유는 그들이 비록 감옥에 갇혀 있었지만 바울과 실라를 통해 진정한 그리스도인의 면모를 옆에서 볼 수 있었기 때문입니다. 그들은 감옥에서 찬양하고 기도하는 놀라운 능력을 가진 하나님의 사람들을 볼 수 있었고 그들의 찬양과 기도를 들을 수 있었기 때문입니다. 그러나 오늘 우리 주변에 사는 예수님을 모르는 많은 사람들은 복이 없는 사람들입니다. 왜냐하면 그들 주변에서 교회를 다니는 많은 사람들이 그리스도인의 긍지와 능력을 생활에서 보여 주지 못하고 있기 때문입니다. 그래서 그들은 참그리스도인에 관해 잘 모릅니다. 그저 교회만 다니는 사람들인 줄 압니다. 가끔가다 극성스럽게 전도나 한 번씩 하는 사람들이 그리스도인인 줄 압니다.

이제 우리는 지체하지 말고 우리의 토굴을 기도와 찬양의 제단으로 바꾸어 놓을 수 있는 능력을 다시 회복해야 합니다. 아무리 어렵고 고

된 환경이라고 할지라도 그리스도인이 있는 곳이면 찬양과 기도의 소리로 가득한 처소로 만들어야 합니다.

당신의 가족이 당신의 찬양과 기도 소리를 매일 듣도록 해야 합니다. 또한 이웃들이 고단한 삶 속에서 은은히 울려 나오는 아름다운 천국의 찬양을, 아름다운 기도 소리를, 감사하는 소리를 들을 수 있도록 해야 합니다.

바울이 그렇게 매력 있는 사람이 될 수 있었던 이유를 한마디로 요약하면 발은 차꼬에 매여 있었으나 마음은 하늘에 있었기 때문이라고 할 수 있습니다. 터툴리안(Tertulian, 155-240)은 "바울과 실라가 마음이 하늘에 가 있을 때에는 발이 차꼬에 매여 있었는지 없었는지조차 느끼지 못했을 것이다"라고 말했습니다.

범브란트 목사가 14년 동안 감옥의 독방에서 지옥과 같은 생활을 했지만 그와 같이 즐거워하고 황홀한 기쁨에 젖어 있었던 것은 그의 마음이 하늘에 있었기 때문입니다. 그런데 마음이 하늘에 있다는 것은 어떤 것을 의미합니까?

"그러므로 너희가 그리스도와 함께 다시 살리심을 받았으면 위의 것을 찾으라 거기는 그리스도께서 하나님 우편에 앉아 계시느니라 위의 것을 생각하고 땅의 것을 생각하지 말라 이는 너희가 죽었고 너희 생명이 그리스도와 함께 하나님 안에 감추어졌음이라"(골 3:1-3).

'마음을 하늘에 둔다'는 것은 '하늘의 것을 찾는다'는 뜻입니다. 하늘의 것이란 영적인 것, 영원한 것을 말합니다. 또한 '마음이 하늘에 있다'는 것은 "위의 것을 생각한다"는 것입니다. 이 "생각한다"는 말은 '찾는다'는 말보다 더 의미가 강합니다. 이것을 영어 성경에서 보면 "위의 것에 애정을 두라", "위의 것에 정을 쏟으라"는 말과 같습니다.

바울이 빌립보에서 한 이야기들을 여러 가지로 종합해 보면 정말 그의 마음은 하나님 나라에 가 있는 사람이었습니다. 그는 이렇게 말합니다.

"내가 삶과 죽음의 틈바구니 속에 끼어 있지만 내 욕망은 하나님 나라에 가서 주님과 함께 영원히 살고 싶다는 것이다."

하늘에 속한 백성

골로새서 3장 1절을 보면 예수님을 믿는 모든 사람들은 바울과 같이 마음을 항상 하늘에 두고 살 수 있는 독특한 백성이라는 것을 가르쳐 줍니다. 예수님을 믿는 사람은 그리스도와 함께 살리심을 받았습니다. '예수님을 믿는다'는 것은 '예수님이 나를 위하여 십자가에서 죽으셨다'는 것과 '사흘 만에 부활하셔서 나의 구주가 되셨다'는 것을 믿는 것입니다. 이렇게 영적으로 믿음을 고백하는 것은 정과 욕심에 사로잡혀 땅의 것만 날마다 생각하던 옛사람은 주님의 십자가에서 죽었다는 것을 고백하는 것입니다. 예수님이 사흘 만에 살아나셨다고 믿는 것은 이제는 위의 것만 찾으며 날마다 하늘에 있는 것에다 마음을 두고 사는 새사람이 되었다고 고백하는 것입니다.

우리는 정과 욕심을 십자가에 못 박은 사람들입니다. 그리고 의와 진리와 거룩함으로 지음 받은 새사람으로 부활한 사람들입니다. 우리의 육체가 부활하는 것은 장래의 일이지만 우리가 영적으로 부활하는 것은 내가 예수님을 주님으로 모셔 들이는 그 순간에 이루어지는 것입니다. 그러므로 예수 그리스도와 함께 십자가에서 죽고, 함께 살아났다면 위의 것을 찾으며 위의 것을 생각해야 합니다. 다시 말하면 우리의 마음을 저 영원한 나라에 두고 살아야 한다는 것입니다.

바울은 그렇게 살았습니다. 발은 차꼬에 있었지만 마음은 하늘에 있었던 것입니다. 신자의 본질은 해바라기와 같다고 생각합니다. 해바라기가 아침 해가 떠오르면 동쪽으로 고개를 돌렸다가 그 해가 가는 대로 계속 따라다니는 것처럼 예수님을 믿는 사람은 날마다 그 마음이 하나님 나라를 향하는 버릇이 있습니다. 아무리 세상에서 잘살아도, 아무리 명예와 다른 여러 가지를 소유하고 있다고 할지라도 마음은 하늘을 향해서 항상 움직입니다. 항상 그는 영원이라는 것에 비추어 모든 것을 보는 사람입니다. 그는 영원한 세계를 배경으로 놓고 현실을 보는 사람이므로 세상을 전부라고 생각하지 않습니다. 이런 사람은 가치관이 새로워집니다. 판단 기준이 달라지며 소유 의식이 달라집니다. 세상에서 중요하다고 떠드는 일에 대하여 더 이상 집착하지 않습니다. 세상을 정복하려는 야망도 더 이상 마음을 감동시키지 못합니다.

우리는 모두 세상을 살고 있습니다. 그리고 세상에 있는 물건을 씁니다. 그러나 예수님을 믿지 않는 사람들처럼 살고, 일하는 데 정신이 쏠리지는 않습니다. 마음이 하늘에 가 있기 때문입니다.

저는 군 복무를 하면서 재미있는 경험을 했습니다. 휴가를 받아서 집에 가게 되면, 서울역에 와서 야간 군용 열차를 타고 부산까지 내려가야 합니다. 그 당시에는 서울에서 부산까지 열한 시간이나 걸렸습니다. 군인들로 꽉 찬 만원 열차지만 모두들 신이 납니다. 신기한 것은 열한 시간이 마치 한두 시간 정도로 여겨진다는 것입니다. 앉지 못하고 계속 서서 가도 힘들거나 피곤을 느끼지 않습니다. 모든 군인들의 얼굴은 기쁨으로 가득 차서 서로 떠들고 노래하고 이야기합니다. 그 이유는 마음이 집에 가 있기 때문입니다. 그래서 즐거워하고, 기뻐하고, 좋아합니다.

하나님 나라의 백성은 이런 사람이 아닐까 생각합니다. 우리의 마음이 하늘에 가 있기만 하다면 뜻대로 되지 않는 현실을 놓고도 불평하거나 욕구불만에 허덕이지는 않을 것입니다. 우리의 마음이 하늘에 가 있기만 하다면 남보다 좀 가난하게 살아도 그 가난이 우리로 하여금 비참하게 만들지는 못할 것이며, 큰 불행을 당한다 할지라도 완전히 절망에 빠지지는 않을 것입니다. 토굴과 같은 환경 속에서도, 캄캄한 밤에도, 바울과 실라처럼 하나님을 찬송하며 기도할 수 있을 것입니다. 그러나 불행하게도 많은 그리스도인들은 마음이 땅에 붙어서 날지를 못합니다. 날개가 부러진 새처럼 예수님은 믿고 있는 데 이상하게 마음이 땅에 붙어 있어서 세상 사람들과 다른 점이 전혀 없습니다. 그러기에 조금만 마음대로 안 되면 짜증을 내고 불평하며 욕구불만에 싸여 기쁨이 없고 찬양이 없습니다.

당신은 이런 병에 걸려 있지 않습니까? 〈백조와 두루미〉의 우화를 들으면서 우리는 많은 것을 느끼게 됩니다. 어느 날 두루미가 물가를 걸어 다니면서 고동을 찾고 있었습니다. 그때 마침 백조가 하늘을 유유히 날며 놀고 있었습니다. 고동을 찾던 두루미가 고개를 들어 하늘을 쳐다보니 백조가 놀고 있는 것이 신기하고 이상하게 보였습니다. "백조야, 너 어디서 왔니?"하고 물었습니다. "천국에서 왔다"라고 백조가 대답했습니다. 그러더니 백조는 "너 천국 아니?"라고 물었습니다. 그러자 두루미는 모른다고 했습니다. 그래서 백조가 천국에 대한 설명을 해 줍니다. "천국은 열두 진주 문이 있고, 예수님이 계시고 고통과 아픔이 없으며, 영원한 안식이 있고, 생명수 강가에 철을 따라 열매를 맺는 아름다운 실과나무가 있고….."

한참 듣고 있던 두루미가 "거기에 고동도 있니?"라고 물었습니다. 백조가 "아니, 거기에는 고동이 없어"라고 했더니 두루미가 실망하는 투로 말하기를 "야, 그런 천국은 너 혼자나 가라. 나는 안 가겠다. 지금 나에게 중요한 것은 고동이야"라고 했답니다.

　오늘 예수님을 믿는 사람들 가운데도 이렇게 땅의 것에만 생각이 붙어 사는 사람들이 있습니다. 바울은 이런 사람을 가리켜 십자가의 원수로 행하는 사람이라고 했습니다. 주님의 뜻에 거역하는 삶을 산다는 뜻입니다.

　우리의 마음을 하나님 나라에 두어야 합니다. 그러면 아무리 토굴과 같은 곳에 처하더라도, 세상 사람들이 보기에는 즐거움도 없을 것 같고 기쁨도 없을 것 같을지라도, 마음이 하늘에 가 있으면 어떤 환경에서도 천국으로 바꿀 수 있습니다. 또한 어떤 괴로움과 고통도 감사로 바꿀 수 있는 그리스도인이 됩니다.

　잠깐 있다가 없어질 세상입니다. 우리의 마음을 저 하늘에 두고 살아야 합니다. 그러면 바울과 실라처럼 능력 있게 살 수 있습니다. 바울과 실라처럼 찬양하는 자들이 됩니다. 밤에도 찬양하며, 토굴에서도 감사하게 됩니다. 우리 주변에 있는 사람들에게 하나님 백성의 다른 점을 보여 줄 수가 있습니다.

　만일 우리의 마음에 진정한 감사와 찬미가 없다고 한다면 이제부터 소망의 날개를 달고 우리의 마음이 하늘로 날아가도록 해야 합니다. 찬양과 기도의 두 사닥다리를 타고 천사가 오르락내리락하는 그 지점까지 올라갑니다. 절망의 구름을 뚫고, 불평과 욕구불만의 구름을 헤치고, 높이높이 우리의 마음이 하나님의 보좌로 올라갈 수 있도록 마음의 날개를 달도록 하십시오. 그러면 우리의 삶이 달라질 것입니다. 우리의 환경이 달라지며, 모든 사람들이 우리 앞에 예수님을 믿고 싶다는 말을 하게 될 것입니다.

　지진이 일어날 것입니다.

　옥문이 열릴 것입니다.

쇠사슬이 풀릴 것입니다.

모든 불가능한 문제들이 해결될 것입니다.

찬양과 기도로 살아가는 우리 앞에, 날마다 능력 있는 삶을 사는 우리 앞에, 기적은 꼭 일어날 것입니다. 우리 모두 이와 같이 능력 있는 삶을 살 수 있습니다.

7

가시와 함께 온
기쁨

가시로 인해 한숨을 쉬고 눈물을 흘리는 날이 많다고 할지라도
그것이 나를 강자로 만드는 하나님의 손길이라는 것을 잊지 말아야 합니다.

고린도후서 12:7-10

7 여러 계시를 받은 것이 지극히 크므로 너무 자만하지 않게 하시려고 내 육체에 가시 곧 사탄의 사자를 주셨으니 이는 나를 쳐서 너무 자만하지 않게 하려 하심이니라 8 이 것이 내게서 떠나가게 하기 위하여 내가 세 번 주께 간구하였더니 9 나에게 이르시기를 내 은혜가 네게 족하도다 이는 내 능력이 약한 데서 온전하여짐이라 하신지라 그러므로 도리어 크게 기뻐함으로 나의 여러 약한 것들에 대하여 자랑하리니 이는 그리스도의 능력이 내게 머물게 하려 함이라 10 그러므로 내가 그리스도를 위하여 약한 것들과 능욕과 궁핍과 박해와 곤고를 기뻐하노니 이는 내가 약한 그때에 강함이라

가시와 함께 온 기쁨

인간은 누구나 남이 모르는 한두 가지의 고통을 안고 삽니다. 심지어 가까운 부부 사이에도 서로 말하지 못하는 내면의 고통과 갈등을 가지고 있는 경우가 더러 있습니다.

사도 바울은 타의 추종을 불허하는 특별한 은혜를 받았던 사람이지만 남모르게 고통을 받았던 육체의 가시를 안고 있었습니다. 그 가시는 오랫동안 말하지 않던 자기만의 숨은 고통이었습니다. 여러 학자들의 분분한 견해가 있지만 어느 것 하나 결정적으로 이것이라고 말하기가 어렵습니다.

칼뱅(Jean Calvin, 1509-1564)은 "바울 자신이 받았던 영적인 유혹, 즉 의심, 가책, 갈등 같은 것을 말한다"라고 했습니다. 루터(Martin Luther, 1483-1546)는 "바울이 받았던 핍박이다"라고 해석했고, 로마 가톨릭교회에서는 "그가 독신 생활에서 자주 일어난 본능적인 충동"으로 보았습니다. 혹자는 "못생긴 바울 자신의 외모에서 오는 콤플렉스였다"라고 하는가 하면, 교부 터툴리안은 "바울의 이유 없는 두통"으로 해석했습니다. 그리고 "바울이 늘 고생하던 안질이었다"라고 보는 견해를 고수하는 학자들도 많습니다.

여기에서 우리가 한 가지 분명히 말할 수 있는 것은 그것이 바울을 장기적으로 끈질기게 괴롭히던 육체적인 고질병을 말한다는 것입니다. 가시는 눈에 잘 보이지 않는 작은 것입니다. 그러면서 계속 고통과 불편을 주는 것입니다. 남이 보기에는 멀쩡한 것 같으면서 속으로 앓는 것이 가시의 고통입니다.

우리 가운데 이런 가시를 가지고 있는 분이 많습니다. 외적인 여건으로 보아 모든 것을 다 가진 것 같은 분이 항상 허약한 육체로 인하여 괴로워하는 경우가 있습니다. 부모는 건강한데 자녀가 늘 병에서 헤어나지 못하는 경우도 있습니다. 행복해 보이는 부부 사이에 수십 년 동안 묵은 가시가 박혀 양편이 다 남모르게 한숨 쉬는 경우도 있습니다. 이런 가시는 누구나 다 가지고 있습니다. 그렇지 않다고 생각한다면 아마 자기 기만에 빠져 있는지도 모릅니다.

○ ○ ○ ○ ○ ○ ○
가시가 주는 의미

가시의 고통 자체를 복이라고 말할 수는 없습니다. 주님께서도 그런 것을 우리에게 허락하는 것을 기뻐하지 않으십니다. 그리스도인이라면 육체의 괴로움을 즐기라고 가르치는 성경 구절은 하나도 없습니다. 그러므로 육체의 가시는 하나님의 자녀들을 괴롭히기 좋아하는 사탄이 즐겨 사용하는 도구가 될 수 있습니다. 이런 도구를 가지고 우리를 육체적으로 약하게 하여 영적으로 쓰러지게 만듭니다. 물론 하나님의 허락 안에서 하는 일입니다. 그러나 사탄은 자기 영역 안에서 최대한의 수단과 방법을 동원하여 우리를 시험합니다. 이런 의미에서 바울은 육체의 가시를 "사탄의 사자"라고 불렀습니다.

여기서 잘못하면 빠지기 쉬운 오해가 있습니다. 모든 병은 마귀나 귀신이 붙어서 생기는 것이라고 가르치는 샤머니즘적인 교훈입니다. 우리 주변에 이런 잘못된 교훈을 가지고 유혹하는 교회들이 있습니다. 바울에게 육체의 가시 때문에 귀신이 붙었다고 말할 수 있습니까? 예수님은 병든 자와 귀신 들린 자를 분명히 구별하셨습니다 (막 1:34 참조). 여기서 우리가 알아야 할 것은 사탄이 병을 가지고 우리를 시험할 수 있다는 사실입니다.

누구나 병이 들면 하나님 앞에 엎드려 간구하게 됩니다. 바울도 마찬가지였습니다. 육체의 가시가 찌르는 아픔이 너무 괴로워 세 번이나 특별히 기도했습니다. 아마 그는 예수님이 겟세마네 동산에서 세 번이나 하나님께 기도와 간구를 올렸던 예를 생각하고 세 번이나 진지하게 매달려 가시를 뽑아 달라고 부르짖은 것 같습니다.

기도는 정말 귀한 것입니다. 하나님은 기도하는 자를 사랑하십니다. 사랑하는 자의 기도이기 때문에 더 귀히 보십니다. 시편 저자의 고백을 들어 봅시다.

하나님이 실로 들으셨음이여 내 기도 소리에 귀를 기울이셨도다 하나님을 찬송하리로다 그가 내 기도를 물리치지 아니하시고
_시 66:19-20

기도는 인격적인 관계를 말합니다. '하나님'과 '나'라는 두 인격이 서로 깊이 교제하는 것이 바로 기도입니다. 하나님은 우리 아버지이십니다. 부자간의 사랑이 넘치는 교제에는 자유가 있습니다. 아들은 아버지에게 자기가 원하는 것을 구할 자유가 있고 아버지는 아들의 요구를 들어줄 자유와 거절할 자유를 다 가지고 있습니다.

우리가 아프면 고쳐 달라고 호소할 수밖에 없습니다. 아무리 믿음이 좋은 바울 사도였지만 육체의 고통에는 별수가 없었습니다. 금식 간절히 기도했을 것입니다. 그는 많은 신유의 경험을 가진 사람입니다. 하나님이 어떤 병이라도 고쳐 주실 수 있다는 확신에는 전혀 흔들림이 없는 사람이었습니다. 그런데 하나님이 그의 기도를 거절하셨습니다. 그에게 돌아온 것은 빈 그릇이었습니다. 만일 바울이 하나님을 자기 요구라면 무엇이나 들어주는 요술 방망이 같은 존재로만 믿었다면 빈 항아리를 안고 뒤로 자빠지고 말았을 것입니다. 그러나 바울은 그런 사람이 아니었습니다. 빈 그릇을 주신 하나님의 뜻을 찾아보았습니다. 이것이 믿음의 기도를 하는 신자의 태도입니다. 하나님의 거절이 우리에게 황금의 응답이 되는 경우가 많이 있습니다.

믿음으로 거절하신 가운데 허락하신 하나님의 응답을 찾던 바울은 하나님의 놀라운 음성을 들었습니다. 그 하나는 가시를 주신 이유였습니다. 다른 하나는 약한 데서 강하여지는 하나님의 능력에 관한 것이었습니다.

하나님이 바울에게 육체의 가시를 남겨 두신 이유는 너무 많은 은혜를 받은 바울이 교만의 죄에 빠지지 않도록 하신 하나님의 지혜로운 처사였습니다. 사도행전이나 서신서를 보면 바울은 자아가 대단히 강한 사람이라는 인상을 받습니다. 그가 예수님을 믿기 전에 어떤 행동을 한 사람이었는가를 보아도 알 수 있고, 믿은 후에도 교만의 티가 아직 남아 있어 베드로를 사정없이 면박하는 사람이었습니다. 마가와 요한이 저지른 단 한 번의 실수를 용서하지 못해 그의 선배요, 은인인 바나바와 결별을 선언할 정도의 사람이었습니다.

고린도후서 11장에 나오는 바울 자신의 변호 가운데 이런 강한 표현이 들어 있습니다.

분명히 그는 기질상 교만의 덫에 걸리기 쉬운 약점을 지닌 사람이
었습니다. 그것은 오직 하나님만이 아시는 바울의 아킬레스건이었습
니다. 더욱이 그는 셋째 하늘을 다녀왔습니다. 하나님이 계시는 영적
세계는 신비에 속한 곳입니다. 인간이 묘사할 다른 표현이 없어서 셋
째 하늘이라는 이상한 말을 사용한 것 같습니다. 비몽사몽간에 그는
하나님의 보좌 앞으로 들리움을 받아 말할 수 없는 말을 들은 것입니
다. 사람은 누구나 신비한 체험 앞에는 약합니다. 자기도 모르게 자랑
하게 되고 거만스러워집니다.

우리 주변에도 이상한 꿈만 하나 꾸어도 요란하게 떠들며 교만으로
눈빛이 번쩍이는 사람들이 많습니다. 신비한 체험은 만일 그것이 건
전한 것이라면 전적으로 하나님의 은혜에 속한 것입니다. 인간의 노
력이나 요구에 의해서라기보다 주님 편에서 특별히 허락하시는 은혜
입니다.

일반적으로 자신이 노력하지 않고 과분한 것을 얻으면 사람은 교만
해지기 쉽습니다. 학교에서 가장 교만한 사람은 머리가 좋아서 노력
하지 않고 공부를 잘하는 학생입니다. 여자 중에 교만한 사람들은 부
모 덕분에 어쩌다가 미인으로 태어난 자들입니다. 부자 가운데도 손
에 못이 박히도록 노력해서 돈을 모은 사람은 교만하지 않습니다. 자
신의 약함과 한계를 몸소 체험했기 때문입니다.

영적 세계에서도 이런 원리가 상통합니다. 노력 없이 은혜를 받으
면 교만해지기 쉽습니다. 설교자의 경우 천부적으로 말재주가 좋고,
머리가 영리한 사람이 목사가 되어 사람들의 인기를 끌면 얼마 안 가

서 그는 교만의 희생물이 되고 맙니다. 이런 사람은 설교 준비를 하기 위해 땀과 눈물을 많이 흘리지 않습니다. 쉽게 준비해도 청중에게 감동을 줄 수 있기 때문입니다. 저와 같이 설교 한 편을 준비하는 데 수십 시간을 진통해야 끝이 나는 사람들에게는 교만하려야 교만할 밑천이 아무것도 없습니다.

하나님이 보실 때 바울이 교만해질 위험을 사전에 막는 길은 육체의 가시를 거두지 않는 것이었습니다. 교만은 하나님이 제일 싫어하시는 악입니다. 그는 교만한 자를 대적하신다고 했습니다. 유명한《신곡》을 쓴 단테(Durante Alighieri, 1265-1321)가 자기에게 가장 악한 죄 일곱 가지를 선정했습니다. 그 가운데 첫 번째가 교만이라고 했습니다. 왜냐하면 교만은 자기 사랑의 다른 형태요, 자기 숭배의 다른 형태이기 때문이라고 했습니다. 분명히 교만은 하나님께 돌릴 영광을 자기가 취하는 자기 숭배의 일종이라 할 수 있습니다. 그래서 하나님이 교만한 자를 더 미워하고 대적하는 것 같습니다. 하나님은 바울이 자신의 대적이 되기를 원하지 않으셨습니다.

육체의 가시를 가지고 바울의 교만을 막으신 하나님의 지혜가 얼마나 성공적이었는가를 보십시오. 14년 동안 셋째 하늘에 다녀온 이야기를 한마디도 입에 담지 않았습니다. 그가 부득이하여 고린도후서 12장에서 그 이야기를 하게 되었을 때, 삼인칭을 써서 자신을 그늘에다 숨기고 있는 것을 볼 수 있습니다. 그는 육체의 가시를 통하여 오직 주님만을 자랑하는 겸손한 사람, "오늘의 나 된 것은 오직 주의 은혜"라고 고백하는 겸손한 사람이 되었습니다(고전 15:10 참조).

사람은 누구나 교만하기 쉬운 기질을 갖고 있습니다. 바울의 교만을 다루신 주님은 반드시 우리의 교만도 다스리실 것입니다. 우리의 교만을 꺾기 위해 주신 가시는 무엇입니까? 육체의 질병입니까? 고부

간의 갈등인가요? 경제적인 압박인가요?

하나님 앞에 날마다 엎드려 수없이 기도하지만 여전히 남아 있는 문제가 있다면 일단 하나님이 나의 겸손을 위해 허락하신 가시라는 것을 인정해야 합니다. 혼자서 가슴속에 깊이 안고 있는 내면의 뿌리 깊은 고통, 그것으로 인해 가슴 아파하고 실의에 빠지는 일이 자주 있다면 왜 그것이 계속 남아 있는지 하나님께 물어보아야 합니다. 틀림없이 '주님 앞에 겸손하고 온전히 순종할 수 있는 자랑스러운 하나님의 자녀로 만들기 위해서'라는 조용한 음성을 들을 수 있을 것입니다.

약한 데서 강해진다

바울은 약한 데서 강해지는 하나님의 능력을 체득했습니다. 주님이 바울에게 이렇게 속삭여 주셨습니다. 내 은혜가 네가 족하도다 이는 내 능력이 약한 데서 온전하여짐이라"(9절).

이것은 바울에게 정말 놀라운 발견이었습니다. 평소에 그는 육체의 가시가 자신을 영육 간에 약하게 만든다고 우려해 왔습니다. 그러나 주님의 음성을 듣자마자 자기 생각이 잘못되었다는 것을 깨달았습니다. 주저하지 않고 주님의 판단이 옳다고 승복했습니다. 그러자 그에게 놀라운 기쁨이 찾아들었습니다. 드디어 큰소리로 이렇게 외쳤습니다. "내가 약한 그때에 강함이라"(10절).

하나님은 스스로 강하다고 자부하는 자를 사용하시지 않습니다. 하나님 없는 독립자, 그는 하나님의 눈에 가장 약한 자입니다. 하나님을 모신 의존자, 그는 세상이 감당하지 못하는 강자입니다. 우리의 가시가 무엇이든 간에 그것을 영적으로 잘 이용하면 하나님의 큰 능력을 체험할 수 있습니다. 육체의 가시가 당신을 약하게 한다는 말을 입밖에 내지 마십시오. 그것은 마귀의 소리입니다. 하나님은 당신을 무능한 사람으로 만들지 않습니다.

바울의 생애를 살펴보면 "약한 데서 강해진다"라는 주님의 말씀이 그대로 입증된 것을 알 수 있습니다. 그가 얼마나 강한 사람이었던가요? 헬라와 라틴 문화권에 소속한 수많은 사람들이 그가 전하는 복음 앞에 굴복하고 말았습니다. 에베소가 무너졌습니다. 빌립보가 항복했습니다. 고린도가 성문을 열었습니다. 마지막으로 로마가 쇠사슬에 묶인 초라한 바울 앞에 백기를 들었습니다.

비록 우리가 가시로 인해 한숨을 쉬고 눈물을 흘리는 날이 많다고 할지라도 그것이 나를 강자로 만드는 하나님의 손길이라는 것을 잊지 말아야 합니다. 캄캄한 밤하늘의 별을 헤면서 낙심하지 않는 이 능력은 어디서 오는 것일까요? 나의 약함을 통해서 하나님으로부터 오는 능력입니다. 우리는 이 능력을 가지고 범사에 감사할 수 있습니다. 항상 기뻐할 수 있습니다. 우는 자와 함께 울며, 웃는 자와 함께 웃을 수 있습니다. 내 몫의 십자가도 가볍게 지고 갈 수 있습니다.

존 번연(John Bunyan, 1628-1688)은 "하나님이 덧셈을 하실 때는 뺄셈을 하시고, 뺄셈을 하실 때는 덧셈을 하신다"고 말했습니다.

바울에게 육체의 가시는 마치 손해를 보는 것같이 보였지만 하나님은 오히려 더 많은 것을 주셨습니다. 하나님의 수학 공식은 우리의 것과 다릅니다. 물질계의 계산법은 영계의 계산법과 동일하지 않습니다. 우리는 언제나 더하는 것이 많아지는 것이요, 빼는 것이 줄어드는 것이라고 생각합니다. 그러나 약한 데서 강해지는 능력을 만들어 내는 영계에서는 통하지 않는 법칙입니다. 당신의 고통, 문제, 실패 등은 당신에게 뺄셈같이 보이지만 하나님에게는 덧셈이라는 사실을 기억해야 합니다. 하나님을 사랑하는 자, 곧 그의 뜻대로 부르심을 입는 자들에게는 모든 것이 합력하여 선을 이룹니다(롬 8:28 참조).

바울이 육체의 가시를 가진 채 억누를 수 없는 기쁨을 맛보았던 일은 아무나 쉽게 이해할 수 있는 것이 아닙니다. 체험하는 자만이 아는 하늘의 기쁨입니다. 흔히 기쁨이란 고통이 물러가는 자리에 대신 들어온다고 생각합니다. 그러나 영적인 기쁨은 반드시 그렇지 않습니다. 신약성경에서 수없이 발견하는 경건한 자들의 기쁨은 거의 고통 대신에 얻은 대용품이 아니었습니다. 고통이 그대로 남아 있는 자리에 찾아온 기쁨이었습니다. 가시와 함께 온 기쁨이었습니다.

예수님의 경우, 십자가에서의 죽음을 불과 몇 시간 앞두고 제자들에게 이런 말씀을 하셨습니다.

> 내 기쁨이 너희 안에 있어 너희 기쁨을 충만하게 하려 함이라
>
> _요 15:11

여기서 예수님이 말씀하시는 기쁨은 십자가의 죽음이 주는 고민과 두려움을 그대로 안고 유지한 기쁨이었습니다. 십자가는 하나님의 뜻에 복종하는 길이었습니다. 주님은 그 뜻에 기꺼이 자기를 내맡겼습니다. 그의 기쁨은 이런 전적 복종에서 오는 것이었습니다.

가시를 안고 기뻐하는 여인

어떤 외국 잡지에서 본 은혜로운 간증이 있습니다. 스튜아트 여사가 쓴 것입니다. 그녀에게는 태어날 때부터 심장병이 있었습니다. 어릴 때에 이미 내버려진 자식이나 다름없이 소망이 없는 아이였습니다. 부모가 이 병원, 저 병원으로 데리고 다니면서 갖가지 치료를 했지만

효력이 없었고 생명만 연장하고 있었습니다. 그녀가 나중에 예수님을 믿기 시작했습니다. 예수님을 믿으면서도 그녀의 마음속에서는 계속 어떤 갈등이 있었습니다.

"인생에서 참으로 누릴 수 있는 행복이 어떤 것일까? 사람이 정말 누릴 수 있는 기쁨은 어떤 것일까? 나에게는 기쁨도 없고 행복도 없어"라는 탄식이 찾아왔습니다.

교회에 가서 예배를 드릴 때 목사님이 "여러분, 범사에 감사하십시오. 항상 기뻐하십시오" 하는 설교를 하면 속에서 반발이 일어났습니다. '흥! 자기가 나처럼 심장병을 앓아 보라지, 나와 같은 처지에 있으면 그런 설교를 절대로 못 할 거야.' 이렇게 항상 반항적으로 생각하게 되었습니다. 그런데 사춘기가 지나면서 이상하게 병이 좀 호전되었습니다. 그리고 결혼을 하게 되고 아기를 둘이나 낳았습니다. 그런데 얼마 후 다시 심장병이 재발했습니다. 병은 심해져서 절망적인 상황이 되었습니다. 병 고치는 집회라는 집회는 다 가 보고, 안수기도라는 기도는 다 받아 보았습니다. 그러나 몇 년을 쫓아다녔는데도 전혀 효력이 나타나질 않았습니다. 이런 상태에서 캘리포니아의 오벨이라는 조그마한 마을로 이사를 하게 되었습니다. 그 후 날마다 병상에 누워 있는데 그 마을에 사는 '리'라는 성을 가진 믿음 좋은 부부가 그 가정을 찾아와서 사귀게 되었습니다.

얼마나 믿음이 좋은 부부인지 그들의 눈동자는 맑았고 온화한 인품에 사랑이 넘치는 사람들이었습니다. 그 부부가 와서 그녀에게 좋은 처방을 가르쳐 주었습니다. 그 처방은 먼저, 하나님 앞에 감사하는 생활을 하라는 것이었습니다. 그리고 그 부인에게 알맞은 성경 구절을 매일 한 구절씩 주었습니다. 하루 종일 성경 구절을 외우며 묵상하게 했습니다. 그다음에는 주변에서 감사할 것을 자꾸 찾아보게 만들었습니다.

고통에는 뜻이 있다

처음에는 내키지 않았습니다. 도대체 어울리지 않는 일 같았습니다. 그러나 스튜아트 여사는 정성을 다해 순종했습니다. 그랬더니 오래지 않아 쉽게 감사할 수 있게 되었습니다.

다음으로, '리' 부부가 가르쳐 준 처방은 "스튜아트 여사! 자연의 아름다움을 찬양하십시오"라는 것이었습니다. 심장병을 앓고 있는 사람에게 아무리 주변이 아름답다고 할지라도 그것이 눈에 들어올 리가 없었습니다. 귀도, 눈도, 감각이 다 무뎌진 지 오래였습니다. 아름다운 꽃을 보아도 아름답게 보이지 않았습니다. 그런데 자연의 아름다움을 찬양하라니 대단히 어색했습니다. 그러나 그녀는 다시 순종하는 마음으로 창문을 열고 눈과 귀를 활짝 열었습니다. 아름다운 새소리가 귀에 들어왔습니다.

"하나님! 아름다운 새소리를 듣게 하심을 감사합니다." 향기로운 꽃 내음이 코를 찌르면 "아! 하나님! 너무 향기롭군요!" 구름 한 점이 눈에 들어와도 멋있다고 찬양했습니다. 자꾸 이렇게 하나님이 만드신 자연의 아름다움을 찾아서 감사하기 시작했습니다. 그랬더니 드디어 무디어졌던 오관(五官)이 새로 제 기능을 발휘하게 되었습니다. 듣지 못하던 것을 듣게 되고 보지 못하던 것을 보게 되고 냄새 맡지 못하던 것을 맡게 되어 새사람이 되었습니다. 이렇게 계속 감사와 찬양이 이어지는데 하루는 이상한 일이 벌어졌습니다. 감사를 하다가 자기도 모르게 "하나님! 나에게 심장병을 주신 것을 감사합니다"라는 말을 하게 되었습니다. 그 순간 '하나님께서 나와 함께하신다'라는 확신이 강하게 밀려드는 것을 느낄 수 있었습니다.

그는 무릎을 꿇었습니다. "주여! 집안일만이라도 좀 할 수 있게 해 주옵소서." 그런 다음 억지로 일어나서 손에 잡히는 것부터 시작하여 집안을 치우기 시작했습니다. 입으로는 계속 감사의 말을 했습니다.

그러다 보니까 점점 힘든 일을 할 수 있는 사람으로 바뀌어 갔습니다. 그런데 이 '리' 부부가 또 찾아와서 한 가지를 더 요구했습니다.

"스튜아트 여사! 이제는 이웃들을 불러서 하나님이 당신에게 얼마나 큰 은혜를 주시며 당신을 사랑하시는가를 고백하고 간증하세요."

그러나 스튜아트 부인은 그것까지는 자신이 없었습니다.

"그것만은 못해요. 이런 처지에서 이웃들을 불러 무슨 자랑을 한다는 거예요?" 그는 완강히 거부했습니다. 그러나 '리' 부부는 계속 격려하며 권유를 했습니다. 이에 마지못해 전화로 이웃들을 불러 모았습니다. 그리고 하나님이 주신 은혜를 간증했습니다. 그랬더니 그들의 눈이 둥그래졌습니다. 그들은 곧 하나님을 찬양하였습니다. 이에 힘을 얻은 스튜아트 부인은 간증하는 생활을 계속했습니다. 하루는 간증을 하는 도중에 마음속에 놀라운 변화가 일어나는 것을 체험했습니다. 덮였던 뚜껑이 활짝 열리고 그 속에서 생수가 확 뿜어 올라오는 것을 느꼈습니다.

기쁨의 생수! 지금까지 37년 동안 한 번도 체험하지 못했던 기쁨! 말로 다 표현할 수 없는 기쁨! 심장병이 고쳐진 것도 아니요, 가난에 찌드는 경제 사정이 나아진 것도 아니요, 남편이 실직당한 후에 복직을 한 것도 아니었습니다. 모든 여건이 하나도 기뻐할 것이 없는데도 가슴 깊은 내면에서 솟아오르는 기쁨의 샘이 얼마나 강한지 도무지 가만히 누르고 있을 수가 없었습니다.

"아! 하나님! 제가 37년 동안 찾던 행복이 바로 이것이군요. 심장병이 있어도 좋습니다. 감사합니다!"

그녀의 얼굴이 밝아졌습니다. 마음속에 있던 갈등이 사라졌습니다. 불안과 욕망 대신에, 고요와 만족이 찾아왔습니다. 부정적인 생각이 긍정적인 생각으로 바뀌었습니다. 신비스럽고 놀라운 능력이 자기

안에서 역사하는 것을 느꼈습니다. 오히려 건강하게 걸어 다니면서 영적으로 병든 자들을 보면 불쌍하게 생각되고, 그들을 붙들어 새사람을 만들어 주는 자기 자신을 발견하게 되었습니다. 바울처럼 가시를 안고 기뻐하는 사람이 되었습니다. 가시 위에 장미꽃이 핀 것입니다. 그리고 얼마 후에 하나님께서 드디어 자기의 심장병까지 고쳐 주시는 것을 발견했습니다. 에머슨(Ralph Waldo Emerson, 1803-1882)은 이런 시를 썼습니다.

나의 하나님!
나는 나의 가시에 대하여
결코 감사하지 못했습니다
나의 장미꽃에 대하여는
수천 번이나 감사하였지만
주님이 나에게 지워 준
십자가에 대해서는
한 번도 감사하다고
생각하지 못하였습니다
고난을 통하여,
나의 인생 행로를 완성하신
사랑의 주님이시여!
이제 저에게 이 가시의 가치를
가르쳐 주옵소서
그리하면 나의 눈물이
무지개 됨을 알겠나이다
그리고 나서 나에게

가시와 함께 온 기쁨
●

고난 당한 것이 내게 유익이라고

말할 수 있게 해 주시옵소서

이 애머슨의 기도가 우리 모두의 기도가 되어야 합니다. 우리가 평생 동안 한두 가지의 가시는 뽑지 못하고 살아야 할지 모릅니다. 그러나 그 가시 위에 피는 장미꽃을 우리는 찾고 놀라운 기쁨과 평안을 주시는 하나님의 그 은혜와 능력을 체험해야 합니다. 가시를 안고도 가시가 없는 사람보다 더 큰일을 할 수 있는 능력자가 되는 체험을 날마다 하면서 살아야 합니다. 절대로 우리의 가시를 불평하지 말고 누구를 원망하지 않아야 합니다. 우리의 하나님이 우리를 보고 계십니다.

내가 약한 그때에 강함이라_고후 12:10하

고통에는 뜻이 있다

8

곤고한 날의
지혜

우리의 삶을 통하여 경험하는 모든 일에 하나님을 인정해야 합니다.

전도서 7:13-14

13 하나님께서 행하시는 일을 보라 하나님께서 굽게 하신 것을 누가 능히 곧게 하겠느냐 14 형통한 날에는 기뻐하고 곤고한 날에는 되돌아보아라 이 두 가지를 하나님이 병행하게 하사 사람이 그의 장래 일을 능히 헤아려 알지 못하게 하셨느니라

곤고한 날의
지혜

　　　　　　　세상을 사는 일이 쉽다고 생각하는
사람은 많지 않습니다. 단순하게 보이던 인생 행로가 시간이 흐를수
록 험난해지는 것을 목격하게 되는 것입니다. 이럴 때 우리는 주저앉
아 버리게 됩니다. 그러나 너무 성급하게 고민하지 말고 하나님의 음
성을 들어야 합니다. 여기에 놀라운 지혜와 위로가 있기 때문입니다.

　이 곤고한 때를 사는 지혜는 우리 생의 주관자가 하나님이시라는
신념입니다. 본문 13절을 보면 "하나님께서 행하시는 일을 보라"고 했
습니다. "하나님께서 굽게 하신 것을 누가 능히 곧게 하겠느냐"고 절
대적인 표현을 사용하고 있습니다. 이렇게 우리를 향한 하나님의 간
섭과 주권은 절대적입니다. 신명기 4장 39절에서는 "너는 오늘 위로
하늘에나 아래로 땅에 오직 여호와는 하나님이시요 다른 신이 없는
줄을 알아 명심하고"라고 합니다. 이 말씀은 '여호와 하나님만이 천하
에 홀로 계시는 절대 주권자'라는 사실을 알려 줍니다. 역대상 29장 11
절에서도 "천지에 있는 것이 다 주의 것이로소이다 여호와여 주권도
주께 속하였사오니 주는 높으사 만물의 머리이심이니이다"라며 '천지

에 있는 모든 것이 다 하나님의 손에서 나는 것'임을 밝히고 있습니다. 에베소서 1장 11절에도 모든 일을 그의 뜻의 결정대로 일하시는 이가 바로 하나님이시라고 합니다. 욥기 9장 12절에서 욥은 "하나님이 빼앗으시면 누가 막을 수 있겠느냐?"고 말했습니다. 그러므로 세상에서 가장 지혜로운 사람은 생의 모든 권리를 하나님의 손에 맡기는 사람입니다. 순종하는 사람입니다. 시편 37장 4-5절에서는 "여호와를 기뻐하라 그가 네 마음의 소원을 네게 이루어 주시리로다 네 길을 여호와께 맡기라"고 했습니다. 이런 사람이 하나님의 모든 주권을 인정하는 사람입니다.

하나님은 우리가 무엇을 할 것인가보다는 어떤 사람이 될 것인가에 더 깊은 관심을 가지고 계십니다. 다시 말해서 그의 마음에 합하는 멋있는 인격이 되기를 원하십니다. 이를 위해서 하나님은 본문 말씀을 통해 다음과 같은 두 가지 사랑의 배려를 하고 계십니다.

첫째, 우리 앞에 형통한 날과 곤고한 날을 병행하게 만들어 두셨다는 것입니다. "형통한 날에는 기뻐하고 곤고한 날에는 되돌아보아라 이 두 가지를 하나님이 병행하게 하사"(14절).

이 말은 형통만을 인생의 분복으로 얻은 자도 없고, 곤고만을 생의 업으로 지고 가도록 결정된 자도 없다는 의미입니다. 인생은 누구나 형통과 곤고를 골고루 맛보면서 살도록 해 주셨다는 말입니다.

우리 중에 곤고한 것을 좋아하는 사람은 아무도 없습니다. 모든 사람이 형통을 좋아합니다. 그래서 이것을 사모합니다. 비록 짧은 인생이지만 누구든지 몇 번은 형통을 누릴 기회를 가지게 됩니다. 그때에는 다윗처럼 "영원히 흔들리지 아니하리라"(시 30:6)며 거드름을 피웁니다. 또 예수님이 소개한 어리석은 부자같이 "영혼아 여러 해 쓸 물건을 많이 쌓아 두었으니 평안히 쉬고 먹고 마시고 즐거워하자"

(눅 12:19)라고 큰소리를 칩니다. 형통하면 너 나 할 것 없이 마음으로 큰소리를 치면서 자만하는 버릇들이 있습니다. 이런 버릇들을 그대로 두면 인간은 결국 육신만 아는 짐승으로 타락하고 맙니다. 하나님은 이런 사태를 원하지 않으십니다. 그래서 곤고한 날을 같이 경험하게 만드신 것입니다. 좋은 일과 나쁜 일을 나란히 맛보게 하셨습니다. 우리는 이 놀라운 조화를 통하여 일하시는 하나님의 지혜를 믿음으로 인정해야 합니다.

인생을 자세히 살펴보면 마치 신비스러운 빛과 어두움이 조화를 이루면서 어떤 형상을 보여 주는 모자이크와 같습니다. 이 빛과 어두움의 조화는 형통과 곤고의 병행으로 누구에게나 존재하는 것을 봅니다. 만일 돈이 없으면 그 대신 건강에는 걱정이 없는 경우를 봅니다. 그러나 건강이 약한 사람은 퍽 안락한 환경을 가지고 있을 수 있습니다. 만일 돈이나 건강이 다 어려우면 그 대신 생을 사는 놀라운 정신력을 소유하고 있을지도 모릅니다. 솔로몬은 "노동자는 먹는 것이 많든지 적든지 잠을 달게 자거니와 부자는 그 부요함 때문에 자지 못하느니라"(전 5:12)고 말합니다.

우리의 문제는 하나님의 지혜와 은총에 우리 생을 맡기지 않고 우리 눈에 좋아 보이는 것만 늘 탐하고 추구한다는 것입니다. 이런 경우에는 원하는 것을 얻어도 불행하고 그것을 얻지 못해도 똑같이 불행합니다. 왜 형통과 곤고를 병행하게 하셔서 우리의 인생길을 인도하고 계신가를 모르는 사람은 불행할 수밖에 없습니다. 우리는 그런 불행한 사람이 되어서는 안 됩니다.

우리의 삶을 통하여 경험하는 모든 일에 하나님을 인정해야 합니다. 예수 그리스도를 우리의 구원자로 믿고 받아들이기만 하면 형통이나 불행, 어느 편에 있든지 감사와 평안을 유지할 수 있을 것입니다.

둘째, 우리의 미래를 우리 자신에게 일임시키지 않으셨다는 것입니다. "사람이 그의 장래 일을 능히 헤아려 알지 못하게 하셨느니라"(14절).

미래가 없는 생은 단조로운 닫음이며 끝없이 펼쳐진 공동묘지입니다. 미래는 희망, 영감, 달콤한 약속을 안겨 주지만 미래는 동시에 불안스러운 것입니다. 미래는 놀라운 박력을 가진 속삭임이지만 아직은 작은 소리에 지나지 않습니다. 축복기도와 같이 위로를 주는 동시에, 무덤 앞에서 내쉬는 한숨같이 냉기를 느끼게 합니다. 이런 묘한 성격을 가진 것이 바로 우리의 미래입니다. 미래가 종잡을 수 없는 신비를 지닌 이유는 그것이 하나님의 수중에 들어 있고, 우리의 손안에 있지 않기 때문입니다. 미래를 우리 손에 맡기지 않으신 하나님의 지혜를 찬양합시다. 우리의 것이 아니기에 우리는 전적으로 전능하신 그분의 손에 맡기고 안심할 수 있게 되었습니다. 만일 내일을 미리 알게 하셨다면 너무 좋아서 심장마비로 죽을지도 모릅니다.

이제 우리는 중요한 문제를 생각해야 할 단계에 이른 것 같습니다. 우리가 일생을 통하여 곤고한 날을 피할 수 없는 것이 사실이라면 곤고한 때에 어떻게 대처해야 하겠습니까? 곤고한 날에 살 수 있는 지혜는 무엇입니까?

○ ○ ○ ○ ○ ○ ○
믿음으로 생각하라

개역한글 성경에는 "곤고한 날에는 생각하라"고 번역되어 있습니다(14절). 여기서 말씀하시는 "생각"은 믿음으로 하는 생각을 말합니다. 우리가 고난과 역경 속에서 깊이 생각한다는 것은 대단히 중요합니다. 생각한다는 것은 우리 마음의 태도를 말합니다. 이에 역경을 어떤 생각으로 대처하는가에 따라 그 양상이 달라집니다.

우리는 어려운 일을 당할 때 마음속에 적어도 다섯 가지의 생각을 해야 합니다.

첫째, 나만이 당하는 일이 아니라는 생각입니다.

둘째, 우연한 일이 아니라는 생각입니다. 하나님께서 우리에게 고난을 주신 것은 뚜렷한 목적을 두고 허락하신 일입니다.

셋째, 나쁜 것이 아니라는 생각입니다. 로마서 8장 28절에 "하나님을 사랑하는 자 곧 그의 뜻대로 부르심을 입은 자들에게는 모든 것이 합력하여 선을 이루느니라"고 하였습니다. 이런 어려움을 통하여 우리는 자신을 반성하게 되고 회개하며 잘못된 것들을 수정하게 됩니다. 또한 대부분의 경우를 보면 고난 뒤에는 축복을 위한 놀라운 은혜가 기다리고 있습니다.

넷째, 항상 이렇지는 않을 것이라는 생각입니다. 곤고한 날과 형통한 날을 병행시켜 놓으셨기 때문에 이런 역경이 계속되지 않는다는 것입니다.

다섯째, 혼자 당하는 것이 아니라는 생각입니다. 히브리서 2장 18절에 "그가 시험을 받아 고난을 당하셨은즉 시험받는 자들을 능히 도우실 수 있느니라"고 하셨고, 히브리서 4장 15절에서는 "우리의 연약함을 동정하지 못하실 이가 아니요"라고 했습니다. 즉 모든 것을 잘 아시는 예수님이 도와주시며 함께 계신다는 뜻입니다. 그러므로 곤고한 날에도 우리 생의 주인이 하나님이시라는 믿음을 가지고 역경에 대처한다면 모든 면에서 긍정적인 생각을 하기 마련입니다.

패트 쇼프내시 목사님은 작은 교회를 맡고 계시던 분이었습니다. 몇 년 전 8월 어느 날, 서울에서 30일간 열리기로 되어 있었던 전도집회를 인도하러 오시기 위하여 LA공항에서 비행기 시간을 기다리고 있었습니다. 그런데 그가 서 있던 대합실 25피트 아래에는 괴한이 장치해 놓은 시한폭탄이 있었습니다. 얼마 후 그것이 터지고 말았습니다. 쇼프내시 목사님 주변에 있던 사람들은 거의 다 죽거나 중상자가 되었습니다. 그는 왼쪽으로 넘어져 있었는데 의식은 또렷하였습니다. 그가 수술실에 들어갈 때 살아 나올 확률은 불과 30%에 지나지 않았습니다. 그러나 며칠이 지나고 나서 의사들이 그를 보고 기적이라고 했습니다. 비록 오른쪽 다리를 잃긴 하였으나 다시 살아난 것입니다. 얼마가 지난 후에 어느 분이 그 목사님에게 "하나님이 원망스럽지 않느냐?"라고 물었습니다. 그때 그는 다음과 같이 대답했습니다.

"천만에요. 나는 원망하지 않습니다. 하나님께서는 폭탄이 이미 장치되어 있다는 것을 다 알고 계셨습니다. 내가 거기에 있다는 것도 알고 계셨고요. 그 폭탄은 우연한 사고가 아니라 당연한 사건이었습니다. 나는 우연한 사고라는 것을 믿지 않습니다. 하나님이 모든 것을 주관하고 계시고 하나님은 모든 일을 우리의 유익을 위해 선처해 주시는 분이신데 하나님이 모르시는 우연이란 있을 수 없습니다. 그는 분명히 나를 위해 기적과 같은 큰 계획을 가지고 계셨습니다. 단지 나는 그것을 잘 몰랐을 뿐입니다. 이제는 압니다. 그 사고 이후 나는 목회에 큰 기적을 가져왔습니다. 지금 나는 수백만 명의 사람들에게 복음을 전하게 되었습니다. 나는 폭발의 희생자가 아니라 덕을 본 사람입니다."

이 이야기는 우리 앞에 있는 역경을 놓고 믿음으로 생각하는 것이 어떤 것인가를 배우는 좋은 본보기가 될 수 있으리라 믿습니다. 오직 예수님을 믿고 하나님의 자녀가 된 사람만이 믿음의 사고를 할 수 있습니다.

염려하지 말라

> 그러므로 내일 일을 위하여 염려하지 말라 내일 일은 내일이 염려할
> 것이요 한날의 괴로움은 그날로 족하니라_마 6:34

이 말씀은 내일에 대하여 기대하지 말라는 말이 아닙니다. 내일을 위해 계획을 세우지 말라는 의미도 아닙니다. 단지 염려하지 말라는 뜻입니다. 이런 염려는 하나님을 믿지 않는 세상 사람들이 하는 것이지 천지의 주인 되신 하나님을 아버지로 모시고 있는 신자가 하는 일이 아니라고 하셨습니다. 그래서 예수님은 "일용할 양식을 주시옵고"(마 6:11)라고 기도하게 하셨습니다. 즉 내일 양식을 염려하지 말라는 의미입니다.

1871년, 몬트리올제네럴 병원에 근무하던 청년이 있었습니다. 후에 그는 미국에서 유명한 존스홉킨스 의과 대학교를 설립하였습니다. 그리고 대영제국의 의사로서 최고 영예인 흠정강좌 상임 교수가 되고 영국 왕실로부터 '백작' 작위를 받았습니다. 그가 죽은 후에는 1,466쪽에 달하는 두 권의 자서전이 나왔습니다. 그는 윌리엄 오슬러(William Osler, 1849-1919)입니다.

그가 그렇게 성공할 수 있었던 것은 풋내기 의대생이었을 때 우연히 읽게 된 토마스 카라일(Thomas Carlyle, 1795-1881)의 글 한 토막 때문이었습니다. 그는 그 당시에 앞날에 대한 걱정과 불안으로 매우 고민하고 있었습니다. 그를 이러한 어두움에서 끌어낸 말은 이것입니다.

"우리의 중요한 일은 먼 곳에서 희미하게 보이는 것을 보는 것이 아니라 눈앞에 똑똑하게 보이는 일을 하는 것이다."

다시 말하면 희미하게 보이는 내일을 염려하지 말고 늘 오늘에 최선을 다해서 살라는 의미였습니다. 오슬러는 그렇게 살았습니다. 그가 유명하게 된 다음 예일대학에서 연설을 하면서 이런 말을 남겼습니다. "미래는, 즉 오늘이다. 여기에 내일이란 없다. 사람이 구원받을 수 있는 날은 바로 오늘이지 내일이 아니다."

로버트 스티븐슨(Robert Louis Stevenson, 1850~1894)이란 사람도 비슷한 말을 했습니다. "누구를 막론하고 아무리 어려워해도 해질 때까지는 자기의 짐을 지고 버틸 수 있다. 아무리 형편이 어려워도 그날 하루는 자기 일을 해낼 수 있다. 따라서 누구든지 그날 하루만은 유쾌하게, 인내하며 성실하게 살 수 있다. 이것이 바로 인생 전부다."

로마의 시인 호라티우스(Quintus Horatius Flaccus, B.C. 65~B.C. 8)는 재미있는 시를 하나 남겼습니다.

이런 자는 행복하리라
이런 자만이 행복하리라
오늘을 자기의 날이라고
말할 수 있는 자만이 행복하리라
마음에 자신을 가지고
'내일이야 될 대로 되려므나
하여간 나는 오늘을 살았노라'고
말하는 자가 행복하리라
자신 있게 말하는 자가 행복하리라

이 시를 쉽게 풀이하면 내일 일을 염려하지 말라는 의미입니다. 그러나 하나님을 모르는 자는 내일에 대하여 이처럼 태평스러울 수가 없습니다. 만일 그렇다면 그것은 자기 기만입니다. 주님께서 "내일 일을 위하여 염려하지 말라"고 하신 것은 단순한 심리적인 요법이 아닙니다. 우리 인생의 길을 인도하시는 하나님을 믿는 근거 위에서 할 수 있는 합리적인 지혜를 가르쳐 주신 것입니다.

내일 일을 위하여 염려하지 않을 수 있습니까? 그렇다면 그 근거는 무엇입니까? 그것은 생의 주인이신 예수 그리스도를 믿는 믿음입니다.

쉬지 말고 기도하라

우리는 긍휼하심을 받고 때를 따라 돕는 은혜를 얻기 위하여 은혜의
보좌 앞에 담대히 나아갈 것이니라_ 히 4:16

기도는 하나님의 보좌 앞으로 나아가는 믿음의 행위입니다. 소나기가 쏟아지면 어느 처마 밑이든지 피하는 것이 지혜입니다. 곤고한 날에는 기도의 그늘에 피하는 것이 바람직합니다. 그것마저 포기하면 우리는 분명히 상하고 말 것입니다. 기도하는 사람은 곤고한 때에 잃어버리기 쉬운 것을 지킬 수 있습니다. 설령 손해를 당했다 할지라도 기도하는 사람은 보상을 받을 수 있습니다.

어떤 경우에는 평안하기 때문에 하나님의 보좌를 찾지 않아서 하나님께서 고난을 통해 우리를 그의 무릎 앞으로 부르실 때가 있다는 사실을 잊어서는 안 될 것입니다. 기도 없는 형통보다 기도 있는 곤고가 더 우리에게 유익이 된다고 주님은 속삭이고 계십니다.

미국의 역대 대통령 가운데서 가장 많은 지탄과 비난을 당한 분은

에이브러햄 링컨(Abraham Lincoln, 1809-1865)이라고 합니다. 그러면서도 그는 흑인 노예를 해방시켜 준 자로서 유명할 뿐만 아니라 정치적으로도 미국이 비극적인 분단의 위기에 놓였을 때 나라를 구해 준 대통령으로서 길이길이 남는 사람이 되었습니다.

그런데 그분이 한번은 내각으로부터 불신임을 받아서 전 내각이 사표를 던지고 말았습니다. 그럴 때에 링컨은 각료들에게 24시간만 기다려 달라고 하였습니다. 그러고는 기도실로 들어갔습니다. 얼마나 무릎을 비비며 기도하였던지 앉은 자리의 카펫이 너덜너덜하게 되었다고 합니다. 역사적으로 위대한 업적을 남긴 사람일수록 곤고한 날을 기도로 이겼다는 사실을 기억해 두는 것이 우리에게 큰 도움을 줄 것입니다. 그러므로 대통령이든지, 사업을 하든지, 농사를 짓든지, 누구를 막론하고 곤고한 날에 우리가 해야 할 일은 기도입니다. 그러면 어떤 사람이 기도할 수 있습니까? 진정으로 하나님을 알고 믿는 사람입니다. 기도는 하나님을 만나는 것입니다. 그분에게 우리의 형편을 탄원하는 것입니다. 이 기도는 예수님의 이름을 가지고 가지 않으면 아무런 효력을 얻을 수 없습니다. 예수님은 이렇게 말씀하셨습니다.

> 지금까지는 너희가 내 이름으로 아무것도 구하지 아니하였으나 구하라 그리하면 받으리니 너희 기쁨이 충만하리라_요 16:24

예수님은 우리 생의 주인이십니다. 그분을 믿음으로 우리 삶의 중심에 모시어 들입시다. 그분 안에서는 형통이든 곤고든 아무것도 우리의 삶을 불행하게 만들지 못할 것입니다. 설령 고난이 온다 할지라도 주님이 주시는 지혜의 날개로 훨훨 날 수 있을 것입니다.

9

풍랑속의
평안

평안은 인간이 스스로 만드는 제품이 아닙니다.
진정한 평안은 성삼위 하나님으로부터 옵니다.

이사야 26:3-4

3 주께서 심지가 견고한 자를 평강하고 평강하도록 지키시리니 이는 그가 주를 신뢰함
이니이다 4 너희는 여호와를 영원히 신뢰하라 주 여호와는 영원한 반석이심이로다

풍랑 속의
평안

흔히들 현대를 일컬어서 '불안의 시대'라고 말합니다. 과거보다 걱정거리가 감소되었는데도 불구하고 많은 사람이 걱정에 싸여 살아가고 있습니다. 또한 우리의 선조들보다 훨씬 안락한 환경 속에서 살면서도 더 많은 불안을 느끼는 것이 오늘의 현실입니다. 현대 문명을 비판하는 전도자들이 외치는 말이 있습니다. "옛날의 개척자들은 일하는 데 못이 박힌 손이 그들의 상징이었다면 현대인의 상징은 찌푸린 이마이다."

그러나 성경적으로 볼 때 "인간이 불안하다", "공포에 떤다", "걱정이 많다"고 하는 것은 단순히 현대라는 시대를 살고 있기 때문만이 아닙니다. 인간이 이 세상에 거주하기 시작할 때부터 인간은 불안과 공포의 정글 속에서 살아야 했습니다. 성경을 주의해서 살펴보면 인간은 과연 불안과 공포의 정글 속에 묻혀서 살고 있다는 많은 증거들을 볼 수 있습니다.

하나님께서 우리의 삶에 형통과 곤고라는 희비극의 쌍곡선을 그어 놓으셨습니다. 언제 형통할 것인지, 곤고가 언제 찾아올 지 아무도 예측할 수 없도록 만드셨습니다. 그러므로 인간은 미지의 사실들 앞에서 한결같이 불안을 느낍니다.

현대인의 생활에 없어서는 안 되는 가장 중요한 것 중의 하나인 재물에 대해서 성경은 "정함이 없는 것"이라고 했습니다(딤전 6:17 참조). 즉 '믿을 수 없는 것'이라는 말입니다. 아침에는 손에 잡은 것 같지만 저녁에는 날개를 달고 날아가 버리는 것이 재물입니다.

인간이 추구하는 모든 명예와 부귀영화도 '아침 안개와 같다'고 성경은 말하고 있습니다. 아침 햇살이 찬란한 광채를 내고 떠오르면 안개는 소리 없이 사라집니다. 오늘의 부귀영화가 내일에는 물거품으로 남게 될 수도 있습니다.

불안과 공포의 늪

우리의 주변에는 끊임없는 생명의 위협이 있습니다. 요즈음 신문을 보면 죽음의 공포를 더욱 실감하게 됩니다. 젊은 부인을 집에 두고 직장을 나가는 남편들은 은근히 불안을 느낄 것입니다. 또 가정에 남아 있는 부인들은 직장에 나간 남편을 걱정하지 않을 수가 없는 것이 오늘의 현실입니다.

현대인은 정서적으로 짐승같이 되어 버렸습니다. 자신의 행동에 대해서 이성적인 판단이 잘 서지 않습니다. 순간적인 충동과 자극에 의하여 감정적으로 행동을 하고 맙니다. 우리의 주변에는 많은 불안과 공포의 요소들이 산재해 있습니다.

공포와 불안의 많은 요소들은 에덴동산에서 아담이 범죄한 그때부터 들어왔습니다. 그러므로 설령 20세기가 우리에게 불안을 주는 요소가 많다고 할지라도 20세기만의 탓은 아닙니다. 그것은 바로 인간의 죄악 때문입니다.

많은 사람들이 이 불안을 달래기 위해 알코올을 의지합니다. 어떤 부부는 서로 의견 다툼이 생기거나 가정이 불안해지면 서로 자기가 좋아하는 술집으로 달려간다는 글을 본 일도 있습니다. 먹고 마셔서 잠깐이라도 잊으려고 하는 인간의 초점 잃은 모습입니다.

불안은 환경에 의해서 느끼는 것이 아닙니다. 우리의 주변이 전혀 불안을 주지 않는 완벽한 파라다이스적인 요소를 지녔다고 할지라도 인간은 본질적으로 불안을 느끼게 되어 있습니다.

인간은 하나님 앞에 돌아오기 전에는 다 목자 잃은 양같이 유리방황하는 탕자와 같은 존재입니다. 부모를 떠난 자녀의 마음이 평안할 수 없습니다. 목자를 잃어버린 양이 안심하고 누울 만한 곳은 어디에도 없습니다. 방황하는 자에게는 항상 불안이 따르기 마련입니다.

인간이 세상에서 튼튼하게 자신의 위치를 구축하고 살아도 하나님을 떠나 있는 자는 불안한 마음을 제거할 수가 없습니다. 그는 목자 잃은 양입니다. 방황하는 존재로 아버지를 떠난 탕자입니다. 캄캄한 암흑 속을 더듬거리는 소경과 같은 존재입니다. 그러므로 우리 마음의 불안과 걱정은 외적인 요소가 아니라, 내적인 요소에서 오는 것입니다. 그런데 그리스도를 모르는 사람들은 외적인 환경을 바꾸면 불안의 문제가 다 해결되는 것으로 알고 있습니다. 그래서 '인간에게 보다 안락한 삶을 주자', '걱정이 되는 요소를 제거하자'라는 슬로건을 내걸고 지난 수세기 동안 피눈물 나는 노력을 해 왔습니다. 그 결과, 오늘 우리의 환경이 많이 좋아졌습니다. 그런데 여기서 한 가지 우리가 놓칠 수 없는 사실은 우리의 환경과 여건이 좋아지면 좋아질수록 인간은 더 불안해하고 더 공포에 떤다는 사실입니다. 이것이 현대 문명으로 살진 20세기 사회가 가르쳐 주는 놀라운 진리입니다. 마치 약이 좋아지고 개발되면 될수록 이상한 병으로 사람이 더 고생하게 되듯이 외부적인 조건이 좋아지면 좋아질수록 인간의 마음은 더 약해집니다.

○ ○ ○ ○ ○
진정한 평안

죄의 결과로 인간에게 찾아온 불안과 공포를 어떻게 해결할 수 있을까요?

첫째, 평안을 주시는 분은 하나님이시라는 사실을 알아야 합니다. 평안은 인간이 스스로 만드는 제품이 아닙니다. '내 마음을 편안하게 가져 보자', '겁내지 말고, 공포에 떨지 말자' 하고 아무리 자신을 달래며 평안해지려고 해도 인간 스스로는 평안을 만들어 낼 수가 없습니다. 성경은 분명히 평안을 주시는 분은 하나님뿐이라고 가르칩니다. 성부 하나님, 성자 하나님, 성령 하나님이 다 인간에게 평안을 주시는 분으로 등장합니다.

빌립보서 4장 7절을 보면 "모든 지각에 뛰어난 하나님의 평강"이라고 했습니다. 하나님은 인간의 지식이나 지능으로는 이해할 수 없는 신비한 평강을 주셔서 우리 마음의 생각을 지켜 주신다고 했습니다. 요한복음 14장 27절에는 예수님께서 "평안을 너희에게 끼치노니 곧 나의 평안을 너희에게 주노라"고 말씀하고 계십니다. 이뿐만이 아닙니다. 갈라디아서 5장 22절에서는 "성령의 열매는 사랑과 희락과 화평…"이라고 하며 성령께서 평안을 주신다고 했습니다. 이와 같이 진정한 평안은 성삼위 하나님으로부터 옵니다.

그러면 어떻게 예수님을 믿는 사람들이 하나님으로부터 오는 신비스러운 평안을 소유하게 됩니까? 골로새서 1장 20절에서 예수님은 "그의 십자가의 피로 화평을 이루사"라고 말씀하십니다.

예수님은 하나님과 원수 되었던 우리의 관계를 아버지와 아들의 관계로 회복시켜 주셨습니다. 예수님을 믿기 전에 우리는 목자 잃은 양같이 유리방황하며, 죄악에서 벗어나지 못하는 존재였습니다. 이런 우리를 하나님의 품으로 돌아오게 하셨고 영원한 축복을 주셨습니다. 그 결과, 우리는 예수 안에서 하나님이 주시는 참평안의 소유자가 되었습니다. 그러므로 인간이 참평안을 누릴 수 있는 길은 여건을 바꾸는 데 있지 않다는 것을 기억해야 합니다. 그 마음에 하나님이 주시는 평안의 선물이 있어야 합니다. 다시 말하면 하나님과의 관계가 정상화되는 데서 인간은 평안을 누리게 되어 있습니다. 이것은 인간의 본질적인 문제입니다. 부모를 떠난 자식이 마음의 평안을 얻으려면 부모 앞에 돌아와 화해하는 길밖에 없습니다. 피조물인 인간이 진정한 평안을 누리려면, 창조주에게 돌아와서 화해해야 합니다. 예수님을 믿는 자는 이 놀라운 화해의 축복을 받습니다. 그리스도인은 불신자가 전혀 모르는 큰 평안을 소유하고 사는 사람들입니다.

이사야 48장 22절에 "여호와께서 말씀하시되 악인에게는 평강이 없다 하셨느니라"고 기록하고 있습니다. 세상 사람들은 왜 자기에게 불안과 공포가 찾아오는지 그 이유를 모릅니다. 그러나 예수님을 믿는 사람들은 죄 때문에, 하나님과의 관계가 바로 서 있지 않아서 불안이 엄습한다는 사실을 알고 있습니다. 예수님을 믿으면 누구나 그리스도의 십자가의 피로 죄인이었던 신분이 의인으로 바뀌고, 하나님과 원수 되었던 관계가 아버지와 아들의 관계로 바뀌게 됩니다. 마침내 하나님과 영적 교제를 나누는 하나님의 자녀가 되며, 하나님이 누리고 계시는 놀라운 평안이 시냇물처럼 흘러들어 옵니다.

어떤 책을 보니까 그림을 그리는 두 사람이 마주 앉아서 "무슨 그림을 그릴까?" 하며 토론하고 있었습니다. 그 토론에서 그들은 "마음의 평안을 미술적으로 표현해 보자"라고 했습니다.

두 사람 중에 한 사람은 깊은 산골짜기에서 은빛을 발하며 잔잔하게 뻗어 있는 맑은 호수가 마음의 평안을 상징한다고 그렸습니다. 다른 한 사람은 이것과 대조되는 엉뚱한 그림을 그렸습니다. 그것은 물보라를 일으키며 천둥 같은 소리와 함께 절벽 아래로 쏟아지는 폭포였습니다. 그 폭포 옆에 자작나무들이 숲을 이루고 있는데, 그 자작나무 위에 둥우리를 짓고 로빈새 한 마리가 물보라에 흠뻑 젖은 채 조금도 동요됨이 없이 앉아 있었습니다. 그 화가는 이 새의 모습이 바로 마음의 평안을 나타낸 것이라고 그렸던 것입니다.

성경적으로 볼 때 후자의 평안이 참된 평안입니다. 하나님이 주시는 평안은 골짜기에 자리 잡은 잔잔한 호수 같은 그런 평안이 아닙니다. 그것은 바람이 없기 때문에 조용한 것뿐이고, 비가 쏟아지지 않기 때문에 맑게 보일 뿐입니다. 바람이 불면 물결이 일고, 비가 쏟아지면 흙탕물이 될 수 있습니다. 위험한 요소가 얼마든지 있지만 환경 때문에 잠깐 동안 고요한 것뿐입니다. 성경은 이런 것을 마음의 평안이라고 하지 않습니다.

하나님이 주시는 평안은 폭포와 같이 요란한 소리를 내는 분위기 속에서도 유지할 수 있는 그런 평안입니다. 그 분위기는 걱정과 근심이 떠날 날이 없는, 그야말로 마음을 찢어 놓는 아픔들이 쌍곡선을 이루는 분위기일 수 있습니다. 그런 가운데서도 자작나무 위에서 눈을 지그시 감고 스스로 초연한 듯 앉아 있는 로빈새처럼 주변의 어떤 환경에도 동요되지 않고 내면의 평안을 깊이 누릴 수 있는 것이 바로 신자가 누리는 평안입니다.

우리는 예수님에게서 이 아름다운 평안을 찾을 수 있습니다. 파도가 요란하게 소리치며 뱃전을 때리는 갈릴리 바다, 제자들이 살려 달라고 아우성치는 요란한 공포의 분위기 속에서 고물을 베개 삼고 조용히, 그리고 깊이 잠드신 주님의 모습을 그려 봅시다. 바로 이것이 성도가 하나님으로부터 받은 평안입니다.

마가 다락방에서의 주님은 열두 시간만 지나면 수치스럽고 고통스러운 십자가에서 죽으셔야 한다는 것을 아시면서도 제자들에게 자기의 평안을 주셨습니다.

> 평안을 너희에게 끼치노니 곧 나의 평안을 너희에게 주노라 내가 너희에게 주는 것은 세상이 주는 것과 같지 아니하니라 너희는 마음에 근심하지도 말고 두려워하지도 말라_요 14:27

십자가의 죽음 앞에서도 동요하지 않으시는 주님의 깊은 평안을 바라보는 눈이 신자에게 있어야 합니다. 하나님께서 우리 마음속에 이 놀라운 평안의 샘이 솟아오르게 하셨습니다. 그러므로 하나님을 모르는 자들이 생각하는 평안과 그리스도인들이 누리는 평안과는 완전히 차이가 있습니다. 그러나 불행하게도 많은 신자들이 하나님이 주신다고 약속하신 평안을 누리지 못하고 있습니다.

둘째, 어떻게 하면 우리가 이 평안을 체험할 수 있습니까? 본문 3절을 보면 "주께서 심지가 견고한 자를 평강하고 평강하도록 지키시리니"라고 기록하고 있습니다. "심지가 견고한 자"란 마음의 뿌리가 견고한 사람이라는 의미입니다. 흔들리지 않고 변함없는 신앙의 자세입니다. 그리고 한글 성경에는 '평강'을 두 번 중복해서 강조하고 있는데, 영어 성경에는 "완전한 평강"이라고 번역되어 있습니다. 히브리어 성경을 보면 우리말 번역이 더 맞다고 볼 수 있습니다. 평강에 또 평강으로 인도한다는 말입니다.

본문에서 한 가지 더 주의할 단어는 "이는"이라는 접속사입니다.

"이는"이라는 접속사가 신앙인이 평강하고 평강하는 체험을 하게 되는 이유를 가르쳐 줍니다. 그 이유는 "주를 신뢰함"이었습니다. 여기서 이사야가 신뢰하는 하나님은 "영원한 반석", 즉 만세 반석이라고 하였습니다. 신앙 자세가 흔들리지 않고 영원한 반석이신 하나님을 의뢰하는 자가 바로 하나님의 평안을 체험하는 자입니다.

그러면 왜 하나님을 만세 반석이라고 했습니까? 옛날 사람들은 이 세상에서 전혀 변화가 없고 가장 든든한 것은 큼직한 바위라고 생각했습니다. 모든 것이 변화무쌍하고 인간의 마음처럼 수시로 변하지만 바위만은 전혀 동요가 없고 가장 믿음직스러워 보였던 것입니다. 특히 모래와 바위뿐인 광야를 40년 동안이나 방황했던 이스라엘 백성에게 바위는 더욱 그러한 존재로 보였습니다. 그래서 그들은 '아! 하나님은 저런 바위와 같이 변함이 없으시고 의지할 만한 분이시구나'라고 생각했습니다. 그러므로 영원불변의 존재, 성실하신 분, 알파와 오메가이신 하나님을 확고한 신앙으로 신뢰하는 자가 마음의 평안을 얻는다고 했습니다. 신자라고 하면서 심지가 견고한 신앙 자세를 유지하지 못해 하나님의 평안이 무엇인지 모르는 자들이 많습니다. 이것은 신자의 비극 가운데 하나입니다. 쾌적한 맨션에서 잠을 이루지 못하는 사람의 비극과 다를 바 없습니다.

사랑은 두려움을 쫓나니

불안과 공포를 안고 있는 사람들은 하나님을 단지 어려운 문제의 해결자나 자신의 고통을 뿌리째 뽑아 주시는 전능하신 분으로만 생각하는 경향이 있습니다. 물론 이것이 잘못은 아닙니다. 그러나 이런 식으로 하나님을 신뢰하게 되면 그가 요구를 들어주실 때는 전능하신 하나님이 되고 들어주지 않을 때면 무능하신 하나님이 되어 버립니다. 이렇게 하나님이 전능하시다는 면에만 모든 기대를 걸면 나중에 실망하게 됩니다. 우리는 하나님의 만세 반석 같은 면을 주의해야 합니다. 반석같이 변함이 없으신 하나님으로 가장 잘 나타내 주는 것은 그의 사랑입니다.

> 사랑 안에 두려움이 없고 온전한 사랑이 두려움을 내쫓나니 두려움에는 형벌이 있음이라 두려워하는 자는 사랑 안에서 온전히 이루지 못하였느니라_요일 4:18

여기에 나오는 사랑은 우리를 향한 하나님의 사랑일 수도 있고, 형제를 향한 우리의 사랑일 수도 있습니다. 그러나 한 가지 분명한 것은 온전한 사랑에 거하게 되면 마음의 두려움이 사라진다는 것입니다. 인생을 살아가노라면 마음의 불안과 공포가 사라지지 않고 항상 위험을 느끼고 근심에 싸일 때가 있습니다. 이럴 때일수록 하나님의 평안을 소유하기 위해서 어떤 상황 속에서도 나를 사랑하시는 하나님을 믿어야 합니다. 이 믿음이 확고할 때 마음의 평안을 누리게 됩니다.

어린 자녀가 부모에게 마음의 평안을 가지고 기쁨으로 재롱을 부릴 수 있는 것은 자기가 갖고 싶은 것을 다 가졌기 때문이 아닙니다. 초가집에서 사는 어린이나 길가에서 포장마차를 하면서 어렵게 살아가는 가난한 집의 어린이나 고급 아파트에서 사는 어린이나 똑같은 것이 하나 있습니다. 그것은 사랑하는 부모 곁에만 있으면 전혀 불안한 빛 없이 좋아하고 평안해 한다는 것입니다. 부잣집에 사는 아이는 갖고 싶은 것을 다 가졌지만, 가난한 집 아이는 하나도 못 가지고 삽니다. 그래도 그 아이의 마음에는 평안이 있습니다. 엄마, 아빠가 자기를 사랑해 주신다는 것 하나가 두려움도 불안도 사라지게 하기 때문입니다.

저는 어렸을 때 동경에서 살았습니다. 그때가 제2차 세계대전 때이므로 전쟁을 피하여 도망 다녔습니다. 하늘에선 코 큰 사람들이 낙하산을 타고 내려오고, 비행기에서는 폭탄이 쏟아져도 전혀 불안한 마음이 없었습니다. 오히려 호기심에 가득 차서 구경까지 할 수 있었던 것은 제 옆에 부모님이 계셨기 때문입니다.

"사랑이 두려움을 내쫓나니"(요일 4:18 참조).

그렇습니다. 어떤 상황 속에서도 하나님께서 나를 사랑하신다는 이 놀라운 사실 앞에 마음의 문을 활짝 여는 사람은 두려움과 공포를 쫓아냅니다.

어떤 책에서 읽은 가슴 뭉클한 이야기 하나를 소개합니다.

유치원에 다니는 딸 하나를 키우는 부부가 행복하게 살고 있었습니다. 하루는 아내가 원인 모르는 병으로 죽었습니다. 먹구름이 그 가정을 덮은 것입니다. 아버지와 어린 딸이 엄마를 땅에 묻고 집에 돌아왔습니다. 현관에서부터 시작하여 방, 부엌, 응접실에 이르기까지 하나도 변한 것이 없는데 두 사람의 눈에는 모든 것이 다르게 보였습니다. 어두운 밤이 되었습니다. 아빠가 딸을 침대에 눕히고 기도해 주면서 편히 자라고 하고는 자기 방으로 돌아왔습니다. 얼마 후 딸의 방에서 우는 소리가 들렸습니다.

아빠가 가 보았더니 "아빠! 무서워요, 어두워요"라고 하는 것입니다. 아빠가 딸을 타이릅니다. "아무리 어둡고 무서워도 아빠가 있으니 무서워 말고 조용히 자거라." 그런데 어린 딸이 눈을 감고 한참 있더니 "아빠! 아무리 어두워도 아빠는 나를 사랑하지?"라고 하며 안심하는 목소리로 물었습니다. 그때 그 한마디에 딸과 함께 상심했던 이 아빠는 새 빛을 보았습니다.

"하나님! 딸의 입술을 통해서 나에게 진리를 가르쳐 주신 것 감사합니다. 나의 주변이 아무리 어두워도 변함없는 하나님의 사랑이 있으므로 실망하지 않습니다. 비록 우리의 가정에 먹구름이 덮여 사망의 음침한 골짜기같이 느껴지지만 제가 딸을 사랑하는 것과 같이 하나님께서 저를 사랑하시는 것을 믿고 힘을 얻습니다. 평안을 얻습니다."

이렇게 그가 기도하기 시작할 때 그의 마음에 있던 불안과 공포가 사라지는 것을 느꼈습니다. 만세 반석처럼 변함없이 그를 사랑하시고, 변함이 없으신 그 하나님을 믿을 때에 그의 마음에 평안이 찾아온 것입니다.

사업에 실패하셨습니까? 실패한 그 자리에서 고백하십시오. 사업에 실패했어도 한 가지 변함이 없는 것은 하나님께서 당신을 사랑하신다는 것입니다. 이것을 알고 견고한 심지를 가지고 의뢰할 때 마음에 놀라운 기쁨과 새로운 힘이 솟아납니다.

하나님께서는 우리의 "머리털까지 다 세신 바 되었다"(마 10:30)고 하셨습니다. 전문가의 말을 빌리면, 사람의 머리카락이 2, 3만 개가 된다고 합니다. 우리는 이 머리카락이 몇 개 빠져도 별 관심을 두지 않습니다. 그러나 하나님께서는 하나하나를 다 세셨다고 합니다. 그만큼 우리를 사랑하시기 때문에 세밀하게 살피신다는 뜻입니다. 이런 하나님의 놀라운 사랑을 우리가 만세 반석처럼 믿고 산다면 우리의 마음에 있는 불안과 공포는 사라집니다. 우리를 처음부터 마지막까지 살피고 보호하시는 그분 곁에서는 주변이 어두워졌다고 불안해할 필요가 없습니다.

"사랑이 두려움을 내쫓나니".

만세 반석이신 하나님의 사랑에 마음의 뿌리를 내려야 합니다. 우리의 주변이 어둡고 원하는 것들이 잘 안 되어도 그것은 문제가 되질 않습니다. 우리 앞에 험산 준령과 같은 큰 문제가 자리를 잡고 앉아 있어도 그것 때문에 두려워할 필요가 없습니다. 하나님께서 우리를 사랑하시므로 그가 보실 때에 선하신 길로 인도해 주실 것입니다. 하나님의 자녀만이 이 놀랍고도 아름다운 축복을 날마다 체험할 수 있습니다. 만세 반석이 되시는 사랑의 하나님을 완전히 신뢰하고 조금도 요동하지 말며 그분 안에서 영원한 평안을 누리시길 바랍니다.

10

현대인의
병

예수님은 현대인의 병을 고치는 치료자이십니다.
현대 의학은 마음의 병을 치료하는 방법으로 주사를 놓거나 약을 먹이거나
전기 충격을 주거나 정서적인 분위기를 만들어 주어야 한다고 말합니다.
그러나 예수 그리스도는 자신이 친히 우리 마음에 오셔서 조용히 앉으십니다.

잠언 17:22

마음의 즐거움은 양약이라도 심령의 근심은 뼈를 마르게 하느니라

현대인의 병

솔로몬은 성령의 영감을 받아 〈잠언〉 곧, 지혜의 말씀을 우리에게 남겨 주었습니다. "마음의 즐거움은 양약이라도 심령의 근심은 뼈를 마르게 하느니라."

이 말씀을 영어 성경이 번역한 그대로 직역하면, "마음의 즐거움은 좋은 약과 같지만 깨어진 심령은 뼈를 마르게 하듯이 해가 된다"라고 할 수 있습니다. 본문에서 말하는 "마음의 즐거움"은 세상적으로 잠시 잠깐만에 지나가는 그런 즐거움이 아닙니다. 술을 마셔서 잠깐 기분이 좋은 것이나 자기 욕심대로 이루어져서 기분 좋은 그런 것이 아니고, 하나님이 주실 수 있는 독특한 즐거움을 의미합니다.

잠언에서는 '마음'(heart)이라는 단어와 '심령'(spirit)이라는 단어를 구별하기가 대단히 어렵습니다. 어떤 경우에는 이 두 단어를 같이 혼용해서 동의어로 쓰는가 하면, 어떤 때는 완전히 구별하여 쓰는 경우도 있습니다.

본문의 "마음의 즐거움", "심령의 근심"에서는 '마음'이나 '심령'을 동의어로 보는 것이 좋습니다. 왜냐하면 이것은 서로 대칭어로 사용하여 같은 말을 다른 단어로 표현했기 때문입니다. 그런데 원문에는 '상한 심령'(broken spirit)이라고 된 말을 왜 한글 개역성경에는 "심령의 근심"이라고 번역했는지 모르겠습니다. 흠정역 영어 성경(King James)을 보아도 이것은 '깨어진 심령' 혹은 '상한 심령'이라는 뜻입니다. 아마도 마음을 찢어 놓고, 마음을 깨뜨리는 근본 요인은 여러 가지가 있겠지만, 그중에서 근심이라는 말 하나가 가장 총괄적인 용어라는 의미에서 썼을 것입니다.

구약시대만 해도 마음의 병이 많지 않았습니다. 성경에는 '근심'과 '슬픔'이라는 두 단어를 가지고 인간의 내적인 고통을 거의 다 표현하고 있습니다. 그것은 그 당시만 해도 아는 것이 적었던 시대이므로 사람들의 마음이 단순하고 소박했기 때문이라고 생각됩니다. 여기에 비하면 현대인들은 너무나 많은 마음의 병을 안고 있습니다.

심리학자들이 자주 말하는 공통되는 마음의 병을 살펴보면 여섯 가지가 있습니다. 수천 년 전과 현대에도 '근심'과 '걱정'이 먼저 나옵니다. 그다음에 '우울증(depression)' '긴장(tension, stress)' '욕구불만', 그리고 '피곤증'입니다. 그런데 소위 현대인의 병이라는 우울증을 성경에서 찾아보았지만 발견할 수 없었습니다. 또 긴장이라는 것도 없었습니다. 이렇게 볼 때 과거의 사람들은 우리들처럼 그렇게 복잡한 병을 앓지 않았던 모양입니다. 물론 그들에게도 긴장이라든지, 피곤이나 욕구불만 같은 것이 없었던 것은 아니었겠지만, 오늘날 현대인처럼 심각한 문제로 등장하지는 않았다는 것입니다.

현대인은 우리가 잘 아는 바와 같이 대개 지식을 쌓은 지성인들입니다. 지식과 문명은 인간에게 좋은 것을 가져다주기도 했지만 정서적으로 해를 가져다준 것도 대단히 많습니다. 성경은 이 점을 지식이 가져다준 해라고 분명하게 지적하고 있습니다.

"지혜가 많으면 번뇌도 많으니 지식을 더하는 자는 근심을 더 하느니라"(전 1:18).

지혜가 많아지면 그만큼 사람이 번뇌하기 쉽고, 지식이 많아지면 그만큼 근심이 많아집니다. 이때 "근심"이라는 것은 막연히 걱정하는 것을 의미하지 않습니다. 근심은 인간이 마음으로, 심리적으로, 정신적으로 앓을 수 있는 모든 내적인 병을 총칭하는 단어입니다. 그야말로 현대인들이 실감하는 병입니다. 차라리 많이 배우지 않았다면, 지금 앓고 있는 욕구불만은 생기지 않았을 것입니다. 고차원적인 고독감, 긴장감으로 오는 중압감, 자주 일어나는 우울증, 이 모든 것들이 지식의 과잉 축적으로 내려앉고 있는 이 시대에 살지 않았다면 모르고 지낼 수 있었을지도 모릅니다. 그러므로 성경이 얼마나 진리인가를 실감하게 됩니다. 몇 천 년 전에 기록되었지만 '지식이 많아지면 근심이 더해지며 마음의 병이 생긴다'고 했으니 말입니다.

미국 시사잡지 〈뉴스위크〉(Newsweek)에 소개된 심리학자 팀 라헤이(Tim LaHaye, 1926 – 2016)의 말을 빌리면 "우울증은 세계 전역에 만연되고 있는 정신 질환이다. 이것은 날이 갈수록 유행병처럼 번지고 있다. 우울증 때문에 자살을 기도하는 사람들의 수가 점점 늘어나고 있다"고 걱정하고 있습니다. 그래서 미국 정신병원의 통계를 보면 연간 4백만 명에서 8백만 명이 우울증 환자로 간접적, 혹은 직접적으로 의사, 목사, 상담자들의 도움을 받아 치료한다고 합니다.

○ ○ ○ ○ ○ ○ ○
존재 가치의 상실

우리가 잘 아는 바와 같이 우울증에는 몇 가지 증세가 따릅니다. 슬픔, 비애, 불안과 같은 정서 혼란과 피해망상증, 또는 자신을 비참하다고 생각하는 자기 비하증, 죽고 싶다는 자살증 등 이 모든 것들이 일종의 우울증입니다.

희랍의 의사였던 히포크라테스(Hippocrates, B.C. 460[?]-B.C. 377[?])는 우울증은 가정, 친구들과의 관계 등 외적으로 오는 불행한 감정이나 좌절감으로 인하여 심리적으로 생기고, 자기 존중의 결핍에서 온다고 했습니다.

어느 날 오후, 극동 방송에서 우울증에 대해 방송되는 것을 들은 적이 있습니다. 방송에 출연한 크리스천 의사는 "많은 사람들이 우울증으로 고통을 당하고 있는데 그것은 자기 존중의 결핍이 그 원인이다"라고 했습니다. 그렇습니다. 자기 자신을 존중히 여기는 자세가 무너졌기 때문에 '나는 가치 없는 존재야, 아무렇게나 살다가 가는 거야'하고 자신을 포기하게 됩니다. 더욱이 40대에 들어간 사람들을 보면 인생이 거의 끝난 것처럼 생각하고, 자기 자신을 존중하지 못하는 데서 많은 정신적인 질환을 앓게 됩니다.

뿐만 아니라, 과도한 정신노동도 우리에게 정신적인 질환을 가져다줍니다. 부당한 목표 설정, 다시 말해서 도무지 힘이 미치지 못하는 목표를 세워 놓고 밤낮으로 근심하고 걱정하면 결국 정신적인 질환을 앓게 됩니다. 지나친 자기 비교, 다른 사람과 자기 자신을 습관적으로 비교하는 사람들이 있습니다. 이웃집 부인과 나를 비교하고, 같은 회사에서도 옆에 있는 동료와 나를 비교하는 것 때문에 좌절감을 느끼고 침체되고 우울해지는 것입니다. 여기에 대해서 정신과 의사들은 외적으로 이 사람이 정신 질환을 앓고 있다고는 분석하지만 '왜 그 사람이 자꾸 자기를 다른 사람과 비교하게 되는가?'라는 근본적인 문제에 대해서는 설명을 못하고 있습니다. 마치 관상대가 태평양에서 올라오는 저기압 때문에 비가 올 것이라는 예보는 할 수 있지만 왜 태평양에 저기압이 생겼는지는 대답을 못하는 것과 같습니다.

성경은 이런 근본적인 질문에 대한 대답을 분명히 해 줍니다. 많은 사람들이 원인을 분명히 발견하지 못하기 때문에, 그들의 내적인 병을 고쳐 보려고 하는 여러 가지 시도들이 아스피린 효과만을 주고 끝나 버리고 맙니다. 외국에 나가 있는 한국 의사들이 진정제를 많이 먹는 것을 보았습니다. 너무 긴장이 쌓이고 정신적으로 피곤하기 때문에 자꾸 먹게 됩니다. 이것이 나중에는 중독이 되어 치료가 불가능하게 되는 예들을 많이 보았습니다.

진정제, 호르몬 주사, 일시적인 쾌락을 위해서 찾는 유흥업소, 주일날 날씨도 좋은데 교회에 가서 앉아 있으면 따분하고 피곤하니 야외로 나가 하루 놀고 오자는 식의 사고방식은 모두 다 아스피린입니다. 일시적인 두통을 없애는 것에 지나지 않습니다. 그리고 근래에 많이 유행하는 식으로 긍정적인 사고방식을 권장하면서, 사람들을 추켜세우고, 용기를 주고, 격려하는 것도 이런 치료책의 일종에 지나지 않습니다.

외국의 경우, 자살률이 제일 높은 때가 1년 중 1월 1일에서 3일 사이라고 합니다. 그것은 크리스마스와 연말 연초를 계기로 한참 신나게 지내다가 갑자기 모든 것이 사라져 버리자 마음에 허탈감을 씻어버리지 못하고 일어나는 병 때문입니다. 하루 즐겁게 놀고 돌아오면 마음의 병이 그 시간엔 좀 가라앉는 것 같지만 그 시간이 지나면 또 생겨납니다. 아니, 더 커집니다. 그러므로 우리는 성경에서 해결책을 찾아야 합니다. 성경은 가장 근본적인 치료책은 '하나님을 마음에 모시는 것'이라고 가르쳐 줍니다.

인간에게는 네 가지의 요소가 있습니다. 첫째, 육체적인 요소. 둘째, 정신적인 요소. 셋째, 정서적인 요소. 넷째, 영적인 요소입니다.

이것은 마치 자동차의 네 바퀴와 같습니다. 네 개의 타이어 중에서 하나라도 빠져 버리면 자동차가 구르지 못하는 것처럼 인간에게 이 네 가지 요소가 빠지면 인간으로서 제 기능을 발휘하지 못합니다. 그런데 오늘날 하나님을 모르는 많은 지식인들은 육체가 병이 나면 병원을 찾아가서 치료하고, 정신적으로 병이 나면 정신과 의사를 찾아가고, 정서적으로 병이 나면 정서적인 어떤 분위기를 만들어 보려고 노력합니다. 그러나 영적인 면에 병이 나면 속수무책입니다. 이것이 오늘을 사는 현대인들의 병을 고치지 못하는 근본적인 원인입니다.

영적인 것은 가장 중요합니다. 영적인 것이 육체적인 것과 정신적인 것, 정서적인 모든 것을 조정하고 지배하기 때문입니다. 이 모든 것을 지배해야 될 영적인 것이 치료되지 않았을 때에는 다른 모든 것을 일시적으로 치료했다 해도 마음의 병에서 해방되지 못합니다.

본문의 "마음의 즐거움"은 하나님을 모신 자만이 얻을 수 있다고 했습니다. 그것은 하나님께서 마음에 계시므로 오는 특별한 기쁨입니다. 이것이 현대인의 병을 고치는 좋은 양약이 됩니다. 이 기쁨을 얻으면 육체적인 결함도, 정서적인 결함도 깨끗이 치료됩니다.

잠언 15장 13절을 보면 "마음의 즐거움은 얼굴을 빛나게 하여도"라고 했습니다. 어린아이를 한번 보십시다. 그 아이에게서 부모를 강제로 떼어 놓고 아무리 잘해 주어도 그 아이는 모든 인격적인 균형이 깨어지고 맙니다. 정신적으로, 육체적으로 병든 곳이 없어도 영적인 균형을 잃어버리면 방황하게 되고 근심에 잠기게 됩니다. 마찬가지로 인간에게는 창조자가 계십니다. 우리의 참아버지이신 하나님을 떠나면 방황하게 되고 마음에 병이 듭니다. 아무리 육체적으로, 정서적으, 정신적으로 완벽해도 그 사람은 병자요, 방황자요, 잘못된 사람입니다. 왜냐하면 가장 근본적인 영적인 문제가 해결되지 못했기 때문입니다.

현대인은 하나님 대신 자기 자아가 주인이 되어 있는 사람들입니다. 지식의 산물인 문명에 모든 것을 걸고 오늘도, 내일도 속으면서 살아가고 있습니다. 그 결과, 하나님을 모셔야 될 영적 자아가 비뚤어진 마음의 병을 안고 살아갑니다. 우리는 성경의 교훈대로 하나님을 바로 모셔 들여야 합니다. 그래서 하나님께서 주시는 기쁨의 샘물을 마시도록 합시다.

이제 우리는 하나님을 어떻게 모실 수 있는가를 생각할 단계에 왔습니다. 그것은 예수님을 믿는 것입니다. 이사야 61장 1절에 보면 예수님께서 이 세상에 오신 목적은 마음이 상한 자를 치료하기 위함이라고 했습니다. 이때 "마음이 상한 자"는 "마음이 깨어진 자"(broken heart)를 말하며 본문의 단어와 의미가 같습니다. 마음이 깨어진 자는 삶의 균형을 잃어버리고 고통 가운데 거하는 사람입니다. 더 자세히 설명하면 고독하고, 욕구불만이 가득하며, 피곤과 긴장이 쌓여 우울함 속에서 마음의 평안을 잃어버린 사람입니다. 이런 "마음이 상한 자"를 고치시려고 예수님이 오셨습니다. 예수님이야말로 현대인들이 모셔야 될 유일한 구원자요 치료자입니다.

당신은 정말 예수께서 현대인의 병을 고치신다고 생각하십니까? 이 물음에 참으로 그렇다고 자신 있게 대답할 수 있는 그리스도인이 백 명 중 몇 명이나 될까요?

세계 인구 중 12억 명이라는 사람들이 예수님을 믿고 돌아왔으며 그 수효가 날마다 기하급수적으로 늘어나는 이유는 막연히 천국 가기 위함이 아닙니다. 바로 현실적인 이유가 있습니다. 그것은 다른 방면으로 아무리 노력해도 고쳐지지 않던 마음의 병이 예수님을 믿고 난 뒤 기가 막힐 정도로 치료가 되는 것을 알았기 때문입니다. 마음의 고통이 사라지고 고독감이 없어지며 긴장이 풀리므로 놀라운 평안이 오는 것을 맛보았던 것입니다. 많은 사람들이 이런 이야기를 듣고는 '나도 예수를 믿어 볼까' 하고 몰려오는 것이 오늘날의 현상입니다. 이것을 잘못되었다고 탓할 수는 없습니다.

완전한 치료자 예수

분명히 예수님은 현대인의 병을 고치는 치료자이십니다. 그분을 절대적인 인격자로, 우리의 마음에 모셔 들이면 됩니다. 현대 의학은 마음의 병을 치료하는 방법으로 주사를 놓거나, 약을 먹입니다. 그렇지 않으면 전기 충격을 주고, 정서적인 분위기를 만들어 주어야 한다고 합니다. 그러나 예수 그리스도는 자신이 친히 우리의 마음에 오셔서 조용히 앉으십니다. 마음의 문을 열기만 하면 들어오셔서 우리의 마음을 소유하십니다. 지금까지 그림자처럼 나를 따라다니며 괴롭혔던 모든 정신적인 것들이 다 추방됩니다. 그분의 영광스러운 빛 앞에서 모든 불안이 사라지고, 그분의 놀라운 사랑과 은혜 앞에서 슬픔이 사라지며, 그분의 온화한 모습에서 평안을 찾게 됩니다.

우리 교회에 다니는 어떤 자매가 어려운 고통을 당하게 되었습니다. 아버지가 사업에 실패하여 집에도 안 들어오시고, 경제적인 형편이 말할 수 없이 어려웠습니다. 인간적으로 생각하면 저녁에 잠을 이루지 못하고 고독과 우울, 피곤, 긴장 등 현대인의 모든 병들이 숨을 쉬기 어려울 정도로 그 마음을 짓눌렀을 것입니다. 그래서 제가 위로하려고 전화를 걸었습니다. 그런데 엉뚱하게도 위로는 제가 받았습니다. 그 자매의 말이 "목사님! 정말 괴롭고 힘이 듭니다. 그러나 제가 예수님을 영접한 결과, 주님이 주시는 믿음으로 이 모든 고통을 이기고 있어요"라는 것이었습니다. 그 의미는 예수 그리스도께서 마음의 병에서 자신을 해방시켜 주셨다는 말입니다. 그 말을 듣는 순간 저의 마음에 있는 무거운 짐이 순식간에 사라지는 걸 느꼈습니다.

"오, 주님! 주는 정말 위대하십니다" 하는 감사의 찬양이 가슴속으로부터 터져 나왔습니다. 그 참기 어려운 고통 속에서 그 자매를 주님이 지켜 주고 계신다는 것을 확신하는 것은 참으로 기쁜 일이었습니다.

예수 그리스도가 우리를 치료할 수 있도록 하는 방법은 다음과 같습니다.

첫째, 예수께 나와야 합니다. "수고하고 무거운 짐 진 자들아 다 내게로 오라 내가 너희를 쉬게 하리라"(마 11:28).

이 말은 마음의 짐을 진 자들에게 단순히 예수님을 믿으라는 말이 아닙니다. "내게로 오라"는 말에는 '회개하라'는 뜻이 들어 있습니다. 남이 모르는 숨은 죄악들을 하나님께 다 내어놓고 나오라는 말입니다. 하나님과 멀리 떨어져 있는 자들은 주님 앞에 나올 수가 없습니다. 주님께로 나오지 못하면 쉬게 하실 수도 없습니다. 예수님을 믿는다고 하는 사람들 가운데 아직도 진정한 평안과 쉼을 얻지 못하는 사람이 있다면 그것은 교회는 다니지만 예수님께 마음의 문을 열고 죄의 문제를 해결하려고 하지 않기 때문입니다.

설교자 찰스 브리지(Charles Jahleel Woodbridge, 1902-1995)는 "내가 용서받은 죄인이라면 나를 침몰시킬 고통이 어디 있는가? 나의 죄를 다 고백하고 그분이 흘린 보혈로 정결함을 얻은 하나님의 자녀라는 것을 확신할 때 아무리 세상의 고통과 괴로움이 덮쳐도 나를 침몰시킬 만한 고통은 없다"라고 말했습니다. 그렇습니다. 아무리 현대의 병이 고치기 어렵다고 할지라도 예수 그리스도로 말미암아 하나님의 자녀가 된 우리의 영혼은 아무도 침몰시킬 수가 없습니다. 그러므로 우리는 주님 앞에 나아와 우리의 죄를 고백해야 합니다. 마음속에 죄가 있는 한 마음의 병은 고쳐지지 않습니다. 회개할 때 주님이 고쳐 주십니다.

둘째, 하나님을 앙망해야 합니다. "오직 여호와를 앙망하는 자는 새 힘을 얻으리니 독수리가 날개치며 올라감 같을 것이요 달음박질하여도 곤비하지 아니하겠고 걸어가도 피곤하지 아니하리로다" (사 40:31).

여호와를 앙망하는 자는 날마다 새 힘을 얻고 피곤에서 벗어날 수 있습니다. '앙망'이란 '믿음으로 소원하고 기다리는 것'입니다. 다시 말하면 주님이 나의 구원자라는 사실을 확신하고 모든 괴로움과 긴장, 피곤에서 해방시켜 주실 것을 기대하며 감사하는 것입니다. 이렇게 여호와를 앙망하면서 믿음으로 고백하면, 하나님께서 참평안과 새 힘을 우리에게 주십니다.

셋째, 복종해야 합니다. 하나님께서 우리에게 명령하셨습니다. "아무것도 염려하지 말라", "범사에 감사하라", "항상 기뻐하라." 우리는 이 말씀에 복종해야 합니다. 많은 그리스도인들이 복종하지 않으므로 마음의 병을 치료받지 못하는 경우가 있습니다.

"기뻐하라"고 할 때 우리는, 기쁨이 와야 기뻐할 수 있다고 생각합니다. 그러나 그리스도인은 믿음으로 기뻐하고 믿음으로 염려하지 말아야 합니다. 순종해야 할 것을 순종하지 않기 때문에 우울하고 불만 투성이가 되어 버립니다. 하나님의 명령에 복종할 때 진정한 기쁨이 넘치게 됩니다.

넷째, 성령 충만을 받아야 합니다. 하나님의 능력에 사로잡혔을 때 우리의 힘으로 할 수 없었던 모든 마음의 병을 고침 받게 됩니다.

예수님을 현실적으로 체험하고 싶습니까? 주님을 모시어 들이기만 하면 주님의 기쁨이 곧 우리의 기쁨이 되며 하나님의 새 힘이 곧 우리의 새 힘이 됩니다. 주님께서는 우리 마음의 병을 고쳐 주시길 원하십니다. 주님은 아직도 그리스도를 마음에 영접하지 못하고 방황하며, 마음의 고통과 무거운 짐을 지고 있는 자들에게 들어가기를 원하십니다. 그래서 주님의 평안과 기쁨을 주시고 그것을 통하여 현대인이 앓는 병에서 해방되어 모든 사람들에게 도움을 주는 진정한 그리스도인이 되길 원하고 계십니다.

II

인생의 상담자
하나님

우리의 인생을 지배하고 인도하며 동행하시는 하나님은
우리를 공포와 불안으로부터 지키는 안전 그물이십니다.

잠언 3:5-8

5 너는 마음을 다하여 여호와를 신뢰하고 네 명철을 의지하지 말라 6 너는 범사에 그를 인정하라 그리하면 네 길을 지도하시리라 7 스스로 지혜롭게 여기지 말지어다 여호와를 경외하며 악을 떠날지어다 8 이것이 네 몸에 양약이 되어 네 골수를 윤택하게 하리라

인생의 상담자
하나님

몇 년 전, 독일에서 젊은이들을 대상으로 갤럽 여론조사를 했습니다. 함부르크대학 총장이 인용한 글을 보면, 젊은이들이 질문에 응답한 반응이 대단히 놀라웠습니다. 그 질문은 "당신은 인생을 산다는 데 대하여 어떤 느낌을 갖습니까?"를 묻는 것이었습니다.

이 질문에 대한 응답자의 60%가 "삶에 대해서 공포를 느낀다"라고 대답했습니다. 선진국이라고 할 수 있는 독일의 젊은이들에게서 이와 같은 대답이 나온다는 것은 대단히 의외의 일입니다.

중세 시대의 루터는 심판자 되시는 하나님 앞에 자기가 죄인이라는 공포 때문에 날마다 괴로움 속에서 허덕였습니다. 그런데 오늘날 많은 사람들은 하나님 앞에 죄인이라고 하는 데서 오는 공포, 죽음이라는 공포보다는 산다는 것에 대한 공포감을 가지고 있습니다. 이것은 현대인들이 갖고 있는 일반적인 심리적 증세라고 생각합니다. 산다는 것에 대하여 공포가 생기는 것은 내일에 대하여 불안하다는 증거입니다. 미신적인 유혹에 빠지는 사람들이 많은 것도 이 불안을 이기지 못하기 때문입니다.

점쟁이를 찾아가거나 무당에게 가서 인생의 문제를 의뢰해 봅니다. 그리고 '무슨 대답이 그 입에서 나올까' 하고 가슴 졸이면서 기다립니다. '행여나 나에게 어떤 희망적인 대답을 해 주지나 않을까' 하는 기대도 갖습니다. 학력이 낮고 수준이 낮은 사람들이 미신적인 유혹에 쉽게 빠져들고 그런 것에 집착한다고 생각해 왔는데 알고 보니 높은 학력을 갖은 사람들일수록 점집을 찾는 경우가 많다고 합니다.

한번 상상해 보십시오. 점쟁이에게서 나오는 말 한마디를 오들오들 떨면서 불안한 마음으로 기다리고 있는 모습을…. 참으로 작고 초라하게 보입니다. 이렇게 인간은 늘 불안에 싸여 있는 약한 존재입니다.

그런데 요즘 이와 같은 추세가 교회 안까지 들어와서, 교회 안에도 점쟁이들이 있습니다. 어떤 교회는 목사가 점쟁이입니다. 앉아서 기도해 보고 교인들의 속에 있는 모든 생각을 알아낸다고 장담합니다. '무엇은 하라, 무엇은 하지 말라'는 식으로 명령을 합니다. 그리고 이렇게 '예언한다. 신통하게 알아맞힌다'라는 사람이 있으면 다른 거야 어떻게 되었든지 간에 무분별하게 뛰어가서 그 사람에게 무언가를 의뢰합니다. 그래서 "기도해 주시오", "안수해 주시오", "내가 이렇게 하려고 하는데 어떻습니까?" 하고 묻습니다.

어떤 교회에서는 여전도사가 그런 일을 잘했나 봅니다. 사업을 시작한 교인이 찾아와서 사업을 계속해도 되겠느냐고 물었더니 기도하는 체하고 앉았다가, 계속하면 틀림없이 성공한다고 예언했습니다. 그러나 그 사업은 몇 달을 못 가서 망해 버렸습니다. 왜 교회 안에서 그와 같은 풍조가 일어납니까?

그만큼 사람들의 마음이 인생에 대한 공포를 느끼고 불안해한다는 이야기입니다. 마치 병상에 있는 환자가 의사의 얼굴만 바라보며 그의 표정 하나하나에 따라서 기분이 오르락내리락하는, 그야말로 절망적인 경우와 비슷한 상황이 오늘날 많은 사람들의 마음을 사로잡고 있습니다. 이런 약점을 통하여 사탄은 인간을 시험합니다. 이와 같은 삶에 대한 공포와 불안을 안고, 아직 여명이 밝아 오지 않는 내일이라는 수평선을 응시하고 서 있는 고독한 인생에게 하나님은 놀라운 메시지를 주십니다.

"너는 범사에 그를 인정하라 그리하면 네 길을 지도하시리라"(6절).

하나님은 불안하고 고독한 우리에게 상담자로, 길을 인도하시는 지도자로 동행하시겠다고 약속하십니다. 하나님께 모든 것을 맡기고, 그를 인정하라고 말씀하십니다(5절).

하나님에 대한 전적 신뢰

어떻게 하는 것이 하나님께 모든 것을 맡기고 그를 인정하는 것일까요?

첫째, 마음을 다하여 여호와를 신뢰하는 것입니다. 마음을 다하여 전적으로 하나님을 신뢰하지 못하면 하나님을 인정하지 못합니다.

네 길을 여호와께 맡기라 그를 의지하면 그가 이루시고 네 의를 빛 같이 나타내시며 네 공의를 정오의 빛같이 하시리로다 _ 시 37:5-6

성경 학자 찰스 브리지는 "잠언 3장 6절 말씀은 그리스도인들에게 있어서 북극성과 같다"라고 했습니다. 왜냐하면 옛날에 많은 여행자들이 행로의 방향을 잡으려면 언제나 움직이지 않는 북극성을 좌표의 중심으로 삼았기 때문입니다. 그러므로 이 말씀은 우리에게 북극성과도 같습니다. 이 말씀에 생의 초점을 맞추어 걸어가는 사람은 좌우로

탈선도 하지 않으며, 길을 잃고 헤매거나 시행착오를 범하지도 않을 것입니다.

시편 118편 8-9절에서 시편 기자는 "여호와께 피하는 것이 사람을 신뢰하는 것보다 나으며 여호와께 피하는 것이 고관들을 신뢰하는 것보다 낫도다"라고 자기의 인생을 고백했습니다. 다시 말하면, 사람을 믿고 자신의 인생을 맡겨 보았더니 남은 것은 실망이요, 상처투성이요, 속은 것밖에 없더라는 것입니다. 그래서 하나님을 전심으로 의지했더니 흔들리지 않는 반석과 같이 그 마음에 완전함을 얻을 수 있었다는 경험을 털어놓고 있는 것입니다 그러면 전적으로 하나님을 신뢰한다는 것은 어떤 것입니까?

첫째, 하나님을 분명히 아는 지식이 필요합니다. 둘째, 하나님께서 약속하신 말씀들을 분명히 아는 지식이 필요합니다. 셋째, 하나님을 아는 지식과 하나님의 약속에 관한 지식을 의지하여 전적으로 하나님께 의탁하는 것이 필요합니다.

이 세 가지 요소를 갖추게 될 때 비로소 하나님을 전적으로 신뢰한다고 말할 수 있습니다. 많은 그리스도인들이 삶의 불안을 떨쳐 버리지 못하는 이유가 여기에 있습니다. 하나님이 어떤 분이신지 모르기 때문에 그를 의지하기가 어렵습니다. 또한 하나님이 우리 인생길을 어떻게 인도하겠다고 약속하셨는지를 잘 모르기 때문에 무엇을 구해야 하는지를 모릅니다.

하나님을 아는 지식을 얻기 위해서는 성경을 보아야 합니다. 그 속에서 하나님을 찾고 하나님의 약속들을 붙잡아야 합니다. 그리고 거기에 전적으로 맡길 때 비로소 하나님을 신뢰한다는 말을 할 수 있습니다. 이렇게 하나님을 신뢰하면 놀라운 결과가 따릅니다.

샌프란시스코에 가면 금문교라고 불리는 다리가 있습니다. 1930년

대에 건축된 것인데 세계에서 가장 높고 긴 교각으로 두 기둥에다가 매달아 놓은 것입니다. 교각을 양쪽 기둥에다 매달아서 가운데는 기둥 없이 떠 있는 다리입니다. 그 위에 올라가서 밑에 있는 바다를 내려다보면 현기증이 날 정도입니다. 그 다리를 공사할 때 너무나 높고 위험하여 기술자들의 마음이 불안해졌습니다. 일을 하다가 밑을 보게 되면 현기증이 일어나 불안과 공포심이 생겼습니다. 결국 다섯 명이나 추락해서 바닷속으로 들어가 버렸습니다.

공사를 담당하던 시당국에서는 기술자들의 생명을 구하기 위해서 여러 가지 방법들을 생각했습니다. 좋은 방법의 하나로 공사하는 밑에다가 철사로 만든 그물을 까는 것이었습니다. 그렇게 그물을 깔고 나니까 그 후에는 그물에 떨어지는 사람이 없었습니다. 왜냐하면 그물이 깔려 있으므로 일하는 사람들이 마음을 놓고 일했기 때문입니다. 내가 떨어져도 바다에는 떨어지지 않는다는 자신이 생긴 것입니다. 부들부들 떨리던 다리가 떨리지 않게 되고, 불안하던 마음이 가라앉고, 공포감이 사라졌습니다. 그 뒤부터 일도 잘할 수 있었고 다치는 일도 없었다고 합니다. 안전 그물이 바로 그들의 믿음이 되었던 것입니다.

'하나님이 내 생을 지배하시고 나를 인도하시며 나와 함께 동행하신다'고 하는 믿음은 바로 우리의 안전 그물입니다. 이것 때문에 어떤 상황 속에서도 우리의 다리가 떨리지 않고 마음의 불안이 없습니다. 이 믿음이 없는 사람은 공포와 불안을 쫓아내지 못합니다. 그러나 하나님을 안전 그물로 알고 그를 믿는 사람은 마음의 고통과 불안이 사라집니다.

저녁에 자면서 '내일 아침에 해가 뜨지 않으면 어떻게 하나?' 하고 걱정하며 밤새도록 고민하는 삶은 살지 말아야 합니다. 아마 이런 고민을 하고 사는 사람을 사람들은 분명히 바보라고 할 것입니다. 그러나 오늘 우리가 그런 바보짓을 하고 있습니다. 모든 문제를 놓고 밤새 도록 고민하고 걱정합니다. 아침에 틀림없이 해가 떠오르게 하시는 하나님은 오늘 우리의 인생 문제를 지배하고 계십니다. 그분이 내 곁에 계시는 이상 내일의 문제를 놓고 걱정할 필요가 전혀 없습니다. 떠오르는 태양보다 더 분명하게 그분은 내 곁에 계십니다. 이런 확신이 있어야 우리가 생을 용기 있게 살 수 있습니다.

둘째로, 자신의 명철을 의지하지 말아야 합니다. 스스로 지혜롭다고 생각하지 않아야 된다는 말입니다. 하나님보다 자신이 더 지혜롭다고 생각할 때 인간의 미련이 머리를 내밉니다. 그 어리석은 미련함 때문에 한 번밖에 없는 인생을 오판하고, 돌이킬 수 없는 시행착오를 범하는 사람들이 많습니다.

하나님은 우리보다 지혜로우시므로 어떤 때는 우리가 하고 싶은 것을 허락하지 않으시고, 생각하지도 않던 길로 인도하실 때가 많습니다. 만일 자기 자신이 하나님처럼 지혜롭다고 생각하면서 인생을 사는 사람이라면, 그 사람은 그리스도인이 되었다고 할지라도 계속 하나님과 충돌을 일으키기 쉽습니다. 하나님을 원망하고, 불평하고, 여러 가지 면에서 하나님과 다툽니다. 이런 사람은 그야말로 어리석음이 가득 차서 평안할 날이 없습니다. 하나님이 가지 말라고 하시면 가지 말아야 합니다. 하나님이 막으시면 비록 현실에 손해가 발생한다 하더라도 그분에게 전적으로 맡기고 순종해야 합니다. 그러면 하나님이 반드시 복을 주실 것입니다. 사실 인생의 내일에 대하여 우리가 무엇을 안다고 말할 수 있습니까? 소경이 자동차를 몰고 대관령을 넘어가는 것과 다른 것이 무엇입니까?

우리는 죄로 인하여 총명이 어두워졌고 마음이 굳어져 버렸습니다. 한날의 문제조차도 감당하지 못해서 밤새도록 신음하며 걱정하고, 불안해서 잠을 이루지 못하는 것이 인간인데 어찌 내일의 문제를 걱정할 만한 지혜가 있겠습니까? 우리는 모든 일을 마음대로 처리하고 뒤로 보내 버린 과거를 돌이켜 볼 때마다 후회합니다. 지나간 날에 대해서 누구나 자신 있게 자랑할 수 없는 것이 사람이라고 한다면 아직 우리의 손에 들어오지 않은 내일을 보고 우리가 지혜롭다고 할 수 있습니까? 과거와 현재도 처리하지 못한 사람이 내일을 처리한다는 것은 교만입니다. 하나님께서 우리에게 이렇게 경고하십니다.

> 여호와께서 이와 같이 말씀하시니라 무릇 사람을 믿으며 육신으로 그의 힘을 삼고 마음이 여호와에게서 떠난 그 사람은 저주를 받을 것이라_렘 17:5

하나님 앞에 교만하지 맙시다. 다윗은 왕이었지만 아침마다 일어나서 이렇게 기도했습니다.

> 아침에 나로 하여금 주의 인자한 말씀을 듣게 하소서 내가 주를 의뢰함이니이다 내가 다닐 길을 알게 하소서 내가 내 영혼을 주께 드림이니이다_시 143:8

스스로 교만한 것처럼 미련한 것이 없습니다. 겸손히 그를 의뢰하십시오.

셋째, 악에서 떠나야 합니다. '악에서 떠난다'는 말은 '하나님을 경외한다'는 말과 같습니다.

잠언 8장 13절에 보면 "여호와를 경외하는 것은 악을 미워하는 것"이라고 했습니다. 악이 우리 생활에 그대로 있으면 죄가 우리의 눈을 막고, 귀를 막을 뿐 아니라 우리의 마음을 흐리게 하기 때문입니다. 이럴 때는 하나님이 우리의 인생길 앞에서 걸어가신다고 할지라도 그분의 모습을 보지 못합니다. 많은 그리스도인들이 인생길에서 불안을 안고 우왕좌왕하는 이유는 근본적으로 하나님이 인도하시지 않기 때문이 아닙니다. 그들이 하나님의 신호를 듣지 못하기 때문입니다. 그들이 아직 죄 된 생활에서 떠나지 않고 자기 욕심대로 행동합니다. 그 욕심을 채우기 위해서 하나님을 이용하려고 합니다. 그러므로 그 눈이 어두워져 하나님의 신호를 볼 수 없습니다.

자동차를 가진 분들은 아침마다 자동차 앞 유리와 백미러를 깨끗이 닦습니다. 닦는 이유는 신호를 정확히 보기 위해서입니다. 우리의 눈은 어떤 죄가 앞을 가리면 하나님께서 아무리 옆에서 말씀하시고 신호를 보내도 보지 못합니다. 우리의 귀를 세상의 아름다운 미혹된 소리로 꽉 막아 놓으면 귀가 먹어서 하나님이 아무리 소리치셔도 들리지 않습니다.

하나님이 정말 당신의 지도자가 되기를 원하십니까? 그렇다면 하나님을 보는 눈이 있어야 합니다. 하나님의 말씀을 듣는 귀가 있어야 합니다. 그런데 불순한 것으로 귀와 눈을 다 막아 놓고, 하나님이 인도하시지 않는다고 불평하고 원망하는 것은 미련한 짓입니다. 악에서 떠나야 합니다. 그러면 하나님께서 보내시는 신호를 정확히 듣고 볼 수가 있게 됩니다.

우리가 흔히 경험하는 일이 하나 있습니다. 어떤 문제를 놓고 기도할 때 번개같이 머리를 스치고 지나가는 생각이 있습니다. 지나간 생을 가만히 돌이켜 보면 오래전부터 계획해서 이루어진 일보다는 아무것도 생각하지 않고 있는 중에 하나님이 막연히 주신 생각 때문에 생의 중요한 부분들이 달라지는 일들을 종종 봅니다. 하나님께서 그의 음성을 듣기 원하는 자에게 이와 같은 영감을 주십니다. 기도할 때 당장 하늘에서 "오냐, 그렇게 해라" 하고 명령하지 않으시더라도 그것보다 더 분명한 음성으로 우리에게 영감을 주십니다.

또 어떤 때는 깊은 확신을 통하여 가르쳐 주십니다. 이상하게 뿌리치려고 해도 뿌리칠 수 없는 확신이 있습니다. 말씀을 읽을 때 확신이 옵니다. 하나님은 우리의 의식을 통해서 그와 같은 신호를 주십니다. 뿌리치려고 해도 뿌리칠 수가 없고 계속 시간이 감에 따라서 그 확신이 마음에서 더 굳어집니다. 이럴 때 이것은 하나님의 신호입니다. 마음이 깨끗한 사람일수록 그 신호를 더 정확하게 발견할 수 있습니다. 또 어떤 경우에는 환경이 주는 기회를 통하여 신호하십니다.

심리학자인 빅터 프랭클(Viktor Frankl, 1905~1997)은 "모든 환경은 의미를 가진다. 나에게 주어진 환경을 어떤 의미로 해석할 것인가? 그리고 그 환경이 주는 의미에 따라 내 행동을 어떻게 결단할 것인가? 하는 문제는 바로 내 자신의 책임이다"라고 말했습니다. 즉 환경이 주는 의미를 찾는 것도 내 책임이고 그 의미에 따라서 결단하는 것도 내 책임이라는 것입니다.

예를 들면, 갑자기 문이 쾅하고 닫혀 버립니다. 온 천지에 불이 꺼지고 캄캄해집니다. 화려했던 꿈이 산산이 부서져 버립니다. 희망은 이제 아침 이슬같이 사라지고 절망에 빠집니다. 똑바로 땅을 딛고 일어서려고 해도 일어설 힘이 없습니다. 문을 열고 환한 바깥을 내다보기가 겁이 나는 이런 위기를 당해 보신 일이 있습니까? 세상에서 혼자만 패배자가 된 것같이 느껴지고, 눈앞에는 성공하고 있는 많은 동료의 얼굴이 오락가락합니다. 당신은 이와 같은 낙오자가 된 기분을 느껴 보셨습니까? 이럴 때에 주님을 진실로 믿고 하나님의 신호를 기다리는 사람이라면 금방 절망하지는 않습니다. 절망하기 전에 한 가지하는 것이 있습니다.

'조금만 기다려 보자. 반드시 이 환경을 통하여 하나님께서 나에게 뭔가를 가르쳐 주실 것이다' 하고 머리를 숙여 조용히 기도하면서 기다립니다. 말씀을 통하여 무엇인가 주어지기를 기다립니다. 이렇게 기다리며 하나님을 바라볼 때 갑자기 어떤 전화가 옵니다. 아니면 우연히 어떤 사람을 만납니다. 어떤 편지를 받습니다. 신문 광고를 통해 무엇인가를 찾아냅니다. 이것은 우연한 것이 아닙니다. 하나님께서 환경을 통하여 우리의 길을 열어 주기를 바라시는 것입니다.

성령의 지배를 받는 삶

하나님의 신호들은 전부 다 성령께서 주시는 것입니다. 그런데 성령이 주시는 하나님의 지시를 마음이 깨끗하지 않으면 받을 수가 없고 또 분별도 못합니다. 그러므로 성령의 은혜에 깊이 젖어야 합니다. 예수님을 믿는 사람은 성령에 민감해야 합니다. 성령을 마음에 모시고 모든 삶이 성령의 지시를 따르도록 항상 대비하고 기다려야 합니다. 하나님은 성령을 통하여 말씀으로 우리에게 확신도 주시고, 또 어떤 때에는 환경을 통하여 길을 열어 주십니다. 그러므로 성령을 마음에 모시고 사는 사람이 되어야 합니다. 악한 자의 마음에는 성령이 임하지 못하십니다. 죄를 움켜쥐고 안 놓으려고 발버둥치는 사람에게 성령께서 역사하지 못하십니다. 내 힘으로, 내 뜻대로 한번 해 보겠다고 몸부림치는 사람에게 성령은 역사하실 수가 없습니다.

성경에 보면 성령을 비둘기 같다고 했습니다. 비둘기는 재미있는 새라고 생각됩니다. 혹시 비둘기 잡는 방법을 아십니까?

캘리포니아 남쪽에 산후안 카피스트라노 라는 곳이 있습니다. 그곳은 관광지인데 비둘기와 사람들이 한 덩어리가 되어서 그야말로 원색적인 감각을 느낄 수 있는 지역입니다. 그곳에서 비둘기를 잡으려면 가만히 서 있어야 합니다. 그러고는 조용히 팔을 내밀고 손바닥을 폅니다. 그리고 날아다니는 비둘기를 가만히 보면서 5분, 10분 동안 움직이지 않고 조용히 기다려야 합니다. 그렇게 조용히 기다리고 있으면 날아다니던 비둘기가 손바닥에 와서 조용히 내려앉습니다. 그때 살그머니 잡으면 쉽게 잡힙니다.

우리가 성령을 통해서 하나님의 뜻을 내 것으로 만들려면, 욕심이나 인간적인 지혜를 가지고 하는 것이 아닙니다. 모든 것을 땅에 내려놓고 하나님만 쳐다보고 조용히 인내하면서 기다리면 마치 비둘기가 손바닥에 내려앉듯이 성령께서 우리 마음에 역사하십니다. 어떤 위기에서도 우리를 일으켜 세우십니다. 그리고 우리의 눈을 열어서 지금 처해 있는 상황이 절망적인 상황이 아니라 하나님께서 더 큰 것을 주시기 위하여 잠시 지나가게 하는 과정이라는 것을 보여 주십니다. 그리고 용기와 새 힘을 주십니다.

> 너희는 이 세대를 본받지 말고 오직 마음을 새롭게 함으로 변화를
> 받아 하나님의 선하시고 기뻐하시고 온전하신 뜻이 무엇인지 분별
> 하도록 하라_롬 12:2

하나님을 전적으로 신뢰하고 자기 스스로 지혜롭게 여기지 아니하며 악에서 떠날 때 우리는 범사에 그를 인정하는 사람이 됩니다.

본문 6절 말씀 중간에 나오는 "그리하면"이라는 접속사는 중요합니다. 이 말씀은 범사에 하나님을 인정하는 자의 길을 하나님께서 인도해 주신다는 것입니다. 만약 우리가 범사에 그를 인정하지 않으면 하

나님도 우리의 인생을 인도하지 않으시겠다는 조건에서 말입니다.

불안한 이 세대를 우리는 믿을 수가 없습니다. 어떤 정권도, 자기의 경험도 믿을 수 없습니다. 다만 온 우주를 지배하시는 하나님, 생사화복을 한 손에 쥐고 주관하시는 하나님, 참새 한 마리가 땅에 떨어지는 것도 자기의 뜻이 아니면 결코 떨어지게 하지 않으시는 전능하신 하나님께 우리의 모두를 맡겨야 합니다. 그러면 하나님은 우리가 사망의 음침한 골짜기를 다닐지라도 해를 받지 않도록 지켜 주시고 의로운 길로, 더 좋은 첩경으로 인도하신다고 약속하셨습니다.

예수 그리스도는 우리에게 놀라운 축복을 안겨 주셨습니다. 그가 십자가 위에서 죽으시고 사흘 만에 살아나셔서 모든 죄인들을 하나님의 자녀로 부르시고, 그 놀라운 복음을 통하여 모든 인간이 자기의 생을 하나님께 맡길 수 있도록 문을 열어 주셨습니다. 예수님을 믿으면 하나님의 자녀가 됩니다. 아무리 마음이 악한 부모라도 자식이 고독해하고, 고통 속에서 괴로워하는 것을 보면 가만히 있지 못합니다. 자식이 험한 길을 갈 때 혼자 보내기를 싫어합니다. 그렇다면 예수님을 믿고 하나님의 자녀가 된 우리를 하나님께서 어떻게 다루시겠습니까?

> 두려워하지 말라 내가 너와 함께함이라 놀라지 말라 나는 네 하나님
> 이 됨이라 내가 너를 굳세게 하리라 참으로 너를 도와주리라 참으로
> 나의 의로운 오른손으로 너를 붙들리라_사 41:10

하나님께서 자녀 된 우리 성도들을 향하여 이와 같이 분명하게 약속하십니다. 예수님께서 이 놀라운 축복을 우리에게 안겨 주신 것입니다. 그러므로 당신이 주님을 믿은 사실에 대하여 감사하십시오. 그리고 이왕 예수님을 믿으셨으면 방금 말씀드린 대로 하나님이 어떤

분이신지 분명히 알고, 그의 약속을 말씀 속에서 분명히 확인하고, 전적으로 그분에게 자신을 맡기십시오. 어떤 멋진 계획과 생각이 머릿속에 있다 할지라도 하나님께 맡기고 기도하면 하나님께서 인도해 주십니다. 그리고 스스로 지혜로운 체하지 마십시오. 지금 아무리 성공한다고 해도 이것이 내일의 성공이라고 아무도 보장하지 못합니다. 우리 주변에는 어제의 성공이 오늘의 실패로, 어제의 모든 부귀영화가 무서운 파멸로 인도된 예가 얼마든지 많이 있습니다.

절대 자기 스스로를 지혜롭다고 여기는 교만한 자가 되지 말고 하나님 앞에 모든 것을 맡기십시오. 그리고 악에서 떠나십시오. 그러면 반드시 성령님께서 우리의 마음에 역사하시고 갈 길을 인도하십니다. 멈추어야 할 자리를 가르쳐 주시고, 방향을 바꾸어야 할 자리에 평화의 기둥을 세워 놓으십니다. 하나님께서 우리의 생애 마지막 날까지 떠나지 않고 인도해 주실 것을 확신하고 나아가야 합니다.

12

고난 속에서 핀
신념

영원한 세계의 가치를 아는 사람은
현실적인 고난 앞에서 자기의 신앙을 포기하지 않습니다.
오히려 어려움이 올 때 기뻐하고 감사합니다.

베드로전서 4:12-19

12 사랑하는 자들아 너희를 연단하려고 오는 불 시험을 이상한 일 당하는 것같이 이상히 여기지 말고 13 오히려 너희가 그리스도의 고난에 참여하는 것으로 즐거워하라 이는 그의 영광을 나타내실 때에 너희로 즐거워하고 기뻐하게 하려 함이라 14 너희가 그리스도의 이름으로 치욕을 당하면 복 있는 자로다 영광의 영 곧 하나님의 영이 너희 위에 계심이라 15 너희 중에 누구든지 살인이나 도둑질이나 악행이나 남의 일을 간섭하는 자로 고난을 받지 말려니와 16 만일 그리스도인으로 고난을 받으면 부끄러워하지 말고 도리어 그 이름으로 하나님께 영광을 돌리라 17 하나님의 집에서 심판을 시작할 때가 되었나니 만일 우리에게 먼저 하면 하나님의 복음을 순종하지 아니하는 자들의 그 마지막은 어떠하며 18 또 의인이 겨우 구원을 받으면 경건하지 아니한 자와 죄인은 어디에 서리요 19 그러므로 하나님의 뜻대로 고난을 받는 자들은 또한 선을 행하는 가운데에 그 영혼을 미쁘신 창조주께 의탁할지어다

고난 속에서 핀
신념

　　　　　　　　　　　　설교자로서 퍽 부끄러움을 느끼는
것은 자유와 평화의 세계에 살면서 공산 치하에서 살고 있는 성도들
이 얼마만큼 어려움을 당하는지 전혀 예측할 수 없다는 것입니다. 이
처럼 너무나 안일한 자리에서 고난을 이야기한다는 것이 어떤 면에서
는 부끄럽고 또 그들을 위하여 피눈물 나는 기도를 하지 못하면서 그
들에게 고난을 이기고 승리하라고 격려만 하고 있다는 자체가 부끄럽
다고 생각되었습니다. 그러나 하나님은 고난 당하는 형제들에게나 아
직 고난이 무엇인지를 잘 모르는 사람도 고난에 대해서 깊이 배우기
를 원하고 계십니다. 특히 공산주의와 대치하고 있는 우리 성도들은
고난이 무엇인지를 깊이 깨닫고 신앙생활을 해야 합니다. 우리는 언
제 우리의 신앙을 빼앗길지 전혀 알지 못하기 때문입니다.

　우리가 이미 잘 아는 것처럼 역사상 가장 빠르게 선전되고 많은 사
람들에게 영향을 끼친 사상이 공산주의입니다. 1903년에 레닌(Vladimir
Ilyich Lenin, 1870–1924)이 많은 사람들에게 공산주의를 이야기할 때에
는 불과 17명의 추종자밖에 없었습니다. 14년이 지난 후에 4만 명의

추종자가 생겼고, 그것이 러시아 정부를 정복하고, 드디어 반 세기도 안 되어 세계적으로 10억 명이 넘는 사람들이 공산주의의 지배 아래로 들어갔습니다. 어떤 학자의 말에 의하면 예수 그리스도가 2천 년 동안 얻은 신자의 수보다도 그들이 50년 안에 얻은 숫자가 더 많다고 평가할 만큼 세계적으로 공산주의는 막강한 세력을 가지고 지금도 침투하고 있습니다.

1957년, 당시 공산당 서기장이었던 후르쇼프(Nikita Sergeevich Khrushchyov, 1894–1971)가 미국을 방문했을 때의 일입니다. 그는 텔레비전을 통하여 전국에 있는 미국 사람들에게 연설하면서 이런 건방진 소리를 하였습니다.

"역사는 우리 편이다. 우리는 너희 미국 사람들을 장사 지내겠다. 내가 한 가지 분명히 예언하는데 너희들의 손자 때가 되면 너희 손자들은 전부 다 우리 사회주의의 지배 아래 들어오고 말 것이다."

그러나 오늘 세계를 돌아보면 공산주의는 지금 벽에 부딪쳐 있는 것이 사실입니다. 왜 그렇습니까? 그것은 기독교 때문입니다. 기독교가 활발히 움직이고 신자들이 하나님의 말씀을 가지고 바로 사는 곳에 공산주의는 세력을 뻗치지 못합니다.

북한을 위시하여 공산 치하에서 얼마나 많은 성도들이 순교의 피를 흘렸는지 모릅니다. 그리고 여전히 그곳에는 하나님의 자녀들이 있습니다. 참으로 감사한 것은 공산주의가 지배하는 어둠의 장막 속에서도 기도의 소리는 여전히 끊어지지 않고 있다는 것입니다. 그러므로 공산주의가 기독교를 이기지 못합니다.

한편 자유주의 세계에 사는 우리는 한 가지 깊이 명심해야 할 것이 있습니다. 미국 유니언신학교 전 총장이었던 존 베네트(John Coleman Bennett, 1902–1995) 박사의 말을 우리는 기억해 두어야 합니다.

"공산주의가 존재하게 된 책임은 기독교가 져야 한다. 왜냐하면 기독교가 하나님의 말씀대로 바로 살지 못했으므로 공산주의가 등장하게 되었기 때문이다. 예수 믿는 사람들이 사회에서 가난한 자, 고통당하는 자, 억압당하는 자, 노동자 계급의 사람들에 대하여 그리스도의 정신과 사상을 가지고 바로 도와주지 못했기 때문에 공산주의자들이 너희 기독교가 못하는 것, 우리가 한 번 해야겠다 하고 일어나게 된 것이다."

이는 틀린 말이 아닙니다. 그러므로 공산주의 아래서 고통당하는 그리스도인들을 볼 때마다 우리는 더 큰 책임을 느껴야 하고, 기도해야 됩니다. 또 공산주의가 짓밟고 황폐화시킨 국가들을 생각할 때마다 교회들은 더 깊이 책임 의식을 느껴야 합니다.

우리나라도 아무리 교회가 많고 그리스도인들이 많다고 할지라도 우리가 그리스도인으로서의 구실을 제대로 못하면 언제 공산주의의 무서운 세력이 지배하게 될지 모릅니다.

공산주의는 일종의 신앙입니다. 학자 마리탱(Jacques Maritain, 1882－1973)이 말한 것처럼 기독교적 이단입니다. 여호와의 증인이나 통일교가 기독교적 이단인 것처럼 공산주의도 기독교적 이단입니다. 공산주의의 지도자였던 마르크스(Karl Marx, 1818－1883)나 스탈린(Iosif Vissarionovich Stalin, 1879－1953)이 신학생이었다는 것을 알아야 합니다. 그들은 공산 세계가 곧 하나님입니다. 우리가 믿는 하나님 대신에 공산주의를 대치한 것입니다. 그들은 공산주의를 위해서라면 생명도 바칩니다. 목적을 위해서 수단을 정당화시키는 가장 잔혹한 단체입니다. 무엇이나 정당화될 수 있으며 윤리도 없고, 도덕도 없는 단체가 바로 공산당입니다. 개인의 존엄성이나 자유는 공산주의를 위한 하나의 소모품에 지나지 않습니다. 이와 같은 공산주의 아래서 신자가 생겨날 수 있습니까? 예수님을 믿는 사람이 살아남을 수 있겠습니까? 예수님을 위하여 공산주의를 배척하든지, 아니면 공산주의와 타협하면서 예수님을 포기하든지 둘 중에 하나입니다.

기독교의 역사는 고난의 역사입니다. 피의 역사입니다. 성경을 들고 창세기부터 차근차근 한 장씩 넘겨 보세요. 의인 아벨이 자기 형에게 두들겨 맞아 피투성이가 되어 밭에 쓰러져 죽은 이야기로 시작하여 피가 흐르지 않은 구절이 있는지 살펴보십시오. 이것은 기독교는 고난의 종교요 피의 역사를 통하여 이룩된 종교라는 말씀입니다.

요한계시록 6장 9절에 "다섯째 인을 떼실 때에 내가 보니 하나님의 말씀과 그들이 가진 증거로 말미암아 죽임을 당한 영혼들이 제단 아래 있어"라고 기록되어 있습니다. 즉 고난을 당하다 왔다는 말입니다.

요한계시록 7장 13—14절도에는 흰옷 입은 자들을 큰 환난에서 나오는 자들이라고 했습니다. 20장 4절에도 천년왕국에 그리스도와 함께 통치할 하나님의 백성들을 일컬어 "예수를 증언함과 하나님의 말씀 때문에 목 베임을 당한 자들"이라고 했습니다. 다 목 베임을 당하고 세상에서 피를 흘리고 순교한 자들의 모임이라는 뜻입니다. 교회는 이와 같이 고난을 통하여 이룩된 하나님의 나라입니다.

그 악마와 같은 사상을 세상에 뿌리박기 위해서 공산주의자들은 생명을 아끼지 않는다는 것을 우리는 알아야 합니다. 결국 공산주의자가 피 흘리고 고난 당하기를 더 두려워하지 않느냐, 아니면 기독교 신자가 피 흘리고 고난 당하기를 더 두려워하지 않느냐에 따라서 승부는 결정될 것입니다.

스탈린이나 레닌을 보면 그들은 10년이 넘도록 감옥을 드나들고, 나중에는 4년 동안이나 시베리아에서 형무소 생활을 했던 경험을 가진 사람들입니다. 공산주의를 위하여 그들은 그와 같은 희생을 조금도 두려워하지 않고 감수했습니다. 하물며 하나님의 나라를 이 세상에 건설하고, 복음을 증거하려는 우리가 고난을 두려워하면서 어떻게 그들을 이길 수 있겠습니까? 만약에 우리 신앙의 선배들이 지난 2천 년 동안 피 흘리기를 두려워하고 현실과 타협하면서 기독교를 믿었다면 오늘날 기독교는 우리에게 이어지지 않았을 것입니다. 아마 벌써 1500년 전에 오늘날 불교처럼 산속에 들어가서 경건한 생활을 하고자 하는 소수의 사람들이 즐기는 하나의 평범한 종교가 되고 말았을 것입니다. 그러나 오늘날 대한민국이라는 자그마한 나라에 있는 우리의 손에까지 복음이 들어와 힘 있게 약동하는 이유는 하나님의 나라를 위하여 피 흘리고 고난을 당한 선배들이 많았기 때문입니다. 북한에서 그리스도를 위하여 고난을 당하고 피 흘린 성도들의 대가가 절대로 헛되이 돌아가지 않을 것을 우리는 압니다. 반드시 열매가 나타날 것입니다.

○ ○ ○ ○ ○ ○
고난의 의미

베드로도 고난을 당한 사람 중에 하나입니다. 그는 고난을 당한 후에 자신을 그리스도의 고난에 동참한 자라고 소개하면서 편지합니다. 당시 소아시아에서 말할 수 없는 고난을 당하며 믿음을 지키던 신자들에게 보낸 편지가 본문의 말씀입니다. 이 편지에서 고난을 당하는 성도들은 적어도 세 가지 면에서 신념을 가져야 된다고 그는 말합니다.

첫째, 신자에게 고난은 결코 이상한 일이 아니라는 신념입니다.

> 사랑하는 자들아 너희를 연단하려고 오는 불 시험을 이상한 일 당하는 것같이 이상히 여기지 말고_벧전 4:12

고난 속에서 핀 신념

●

신자에게 고난은 이상한 것이 아니라 지극히 정상적인 것입니다. 빌립보서 1장 29절을 보면 "그리스도를 위하여 너희에게 은혜를 주신 것은 다만 그를 믿을 뿐 아니라 또한 그를 위하여 고난도 받게 하려 하심이니라"고 했고, 사도행전 14장 22절에서는 "우리가 하나님의 나라에 들어가려면 많은 환난을 겪어야 할 것이라"고 했습니다.

예수님을 믿기 어려운 어떤 환경이 닥쳐왔을 때, 우리가 신앙을 유지하고 하나님의 나라에 들어가려고 하면 고난을 받아야 합니다. 그리스도를 부인하고 교회를 짓밟고 핍박하는 무서운 집단들이 우리를 지배한다고 할 때, 그 속에서 우리가 신앙을 지키려고 하면 단 하나의 길밖에 없습니다. 고난을 당하는 길입니다. 그러므로 그와 같은 상황에서 고난을 당하는 것은 정상입니다. 중세기에 유명한 종교개혁자 중에 한 사람이었던 마르틴 부서(Martin Bucer, 1491~1551)는 이런 말을 했습니다.

"하나님의 은혜는 신자들에게 영웅적인 기질을 가지게 하는 이상한 힘이 있어서 하나님의 나라를 위해서라면 어떠한 고난도 감수할 수 있는 놀라운 사람으로 만든다."

사실 그렇습니다. 성경에 나오는 위대한 인물들의 기사는 물론이거니와 초대 교회에서 핍박을 당한 성도들의 이야기, 과거 북한에서 고난을 당한 수많은 사람들의 글을 보면 하나님의 은혜가 특별히 넘칩니다. 고난 속에서 수많은 성도들을 변화시켜 강하게 하신 놀라운 하나님의 능력을 발견합니다.

갈릴리 어부와 같이 초라한 사람들이 강해졌습니다. 아는 것이 적고, 힘이 없고, 나약한 부녀자들이 담대해졌습니다. 주일학교에 다니는 어린이들이 예수님 한 분 때문에 초인적인 신앙인들이 되었습니다. 이것은 바로 하나님의 은혜가 그들로 하여금 그리스도를 위해 어떠한 고난도 감수할 수 있을 만큼 능력 있는 사람으로 만들어 놓았기 때문입니다.

북한에 있는 성도들이나 공산 치하에서 고생하는 형제들은 자신이 당하는 고난을 자기들만 당하는 것처럼 생각하지 말아야 합니다. 또 죄의 값이라고 스스로 생각하고 절망하지 말아야 합니다. 하나님의 저주가 임했기 때문에 그와 같은 고통을 당하는 것이라고 스스로 마음에 시험을 불러일으키는 일이 없어야 할 것입니다.

고난은 신자에게 이상한 것이 아닙니다. 우리가 믿음을 지키고 하나님의 나라에 들어가려면 많은 환난을 겪어야 하는 것을 우리는 역사를 통하여 증명을 받았고, 하나님의 말씀을 통하여 분명히 알고 있습니다.

둘째, 고난 속에서 즐거워할 수 있다는 신념입니다. "오히려 너희가 그리스도의 고난에 참여하는 것으로 즐거워하라"(13절). 어떻게 이런 일이 가능합니까? 놀라운 일입니다. 그러나 예수님은 더 적극적인 말씀을 하십니다.

> 인자로 말미암아 사람들이 너희를 미워하며 멀리하고 욕하고 너희 이름을 악하다 하여 버릴 때에는 너희에게 복이 있도다 그날에 기뻐하고 뛰놀라 하늘에서 너희 상이 큼이라_ 눅 6:22-23

어떻게 환난을 당하면서 기뻐하고 뛰놀 수 있습니까? 그럼에도 불구하고 환난당한 베드로나 많은 성도들이 증거하기를 환난 속에서 기뻐할 수 있다고 간증합니다.

바울이 옥에 갇혔습니다. 로마 지하 감옥에서 자기의 운명이 어떻게 될지 전혀 예측할 수 없는 상황인데 그는 감옥 밖에 있는 빌립보 교인들에게 편지하기를 "주 안에서 항상 기뻐하라 내가 다시 말하노니 기뻐하라"(빌 4:4)고 자기의 심정을 그대로 전했습니다. 바울은 감옥에 있는 자기도 기뻐하는 생활을 할 수 있었기 때문에 빌립보 교인들에게 어떤 상황을 만나더라도 기뻐하라고 할 수 있었습니다.

헬렌 스토크라고 하는 스코틀랜드에 사는 부인이 있었습니다. 그 부인은 바른 신앙을 고수하려다가 체포되어 사형선고를 받았습니다. 남편과 함께 사형장에 끌려 나가면서 이렇게 말했습니다. "여보. 기뻐해요. 오늘 우리가 죽으면 가장 즐거운 날이 될 거예요. 우리 앞에는 영원히 기뻐하고 즐거워할 수 있는 날이 기다리고 있어요. 이 시간, 나는 당신에게 작별 인사를 하고 싶지 않아요. 왜냐하면 잠깐이면 우리는 함께 영원한 나라에서 만나 영원히 살 것이기 때문이예요."

고난을 기뻐하는 근거

어떻게 고난 속에서 기뻐할 수 있습니까? 우리는 적어도 몇 가지 근거를 본문에서 찾을 수 있습니다.

첫째는 고난 당하는 자들의 머리 위에 하나님의 영광의 영이 그들과 함께하신다는 사실입니다(14절).

다니엘이 사자 굴에 들어갔을 때 천사가 그와 함께했습니다. 다니엘의 친구 사드락과 메삭과 아벳느고가 불 속에 떨어졌을 때 신의 아들 같은 이가 와서 그들과 함께했다고 했습니다. 스데반이 복음을 증거하다가 죽음을 앞두고 있을 무렵 천사가 그의 눈을 열어 하나님의 아름다운 영광과 그리스도께서 그 우편에 서 계신 것을 보게 했습니다. 14년간 캄파넬 감옥에서 예수님을 믿는다는 이유 때문에 감옥살이를 하다가 나온 범브란트 목사는 "감옥 생활에서 이 세상 어느 것에도 견줄 수 없는 특이한 황홀경과 같은 기쁨을 맛보며 살았다"고 분명히 말했습니다. 고난 당하는 자에게 하나님이 특별히 함께하시고 용기를 주십니다. 그들이 지치지 않도록 새 힘을 주십니다. 그들에게 영원한 나라의 영광을 볼 수 있도록 눈을 열어 주십니다. 사람을 두려워하지 않도록 용기를 주십니다. 그러므로 기뻐할 수 있습니다.

북한에 있는 형제들에게도 하나님이 이와 같은 은혜를 주신다고 저는 믿습니다. 고통당하는 수많은 성도들에게 하나님께서 이와 같은 놀라운 위로를 주신다고 믿습니다. 왜냐하면 하나님의 영이 그들과 함께하기 때문입니다.

둘째는, 하나님께 가장 큰 영광을 돌릴 수 있는 길은 고난을 통과해야만 한다는 사실입니다. 우리는 하나님께 영광을 돌리기 위해 이 세상에 삽니다. 당신에게도 예수님을 믿는 것 때문에 모든 생활에 위협이 오고 고통이 오고 환난이 온다면 예수님을 끝까지 붙들 수 있겠습니까? 어려움과 역경 속에서도 신앙을 포기하지 않고 끝까지 주를 따르는 자를 통하여 하나님은 영광을 받으십니다. 초대 교회 성도들이나 중세의 성도들은 지독한 고문을 당하면서도 원수들을 욕하지 않고 하나님께 찬양하고 감사하며 자기를 괴롭히는 자를 위해 기도했습니다. 그러고는 평화로운 모습으로 죽었습니다. 그들을 고문하던 자들이 무릎을 꿇고 회개하고, 양심의 가책을 받아 그리스도 앞으로 돌아왔습니다. 하나님의 영광은 이러한 고난을 통하여 더 역력히 나타납니다. 하나님은 북한과 중국 지역에서 고통당하는 성도들을 통하여 영광을 받으십니다. 그러므로 그들이 흘리는 피는 절대로 헛되지 않으며 그들이 당하는 고난은 절대로 잘못된 것이 아닙니다.

셋째는, 하나님의 영광이 나타나는 그날에 주어질 축복이 너무나 크다는 사실입니다. "그의 영광을 나타내실 때에 너희로 즐거워하고 기뻐하게 하려 함이라"(13절).

그의 영광을 나타내시는 때는 그들에게 하나님이 갚아 주시는 때입니다. 주님은 "하늘에서 너희의 상이 크다"라고 말씀하셨습니다(마 5:12 참조).

로마서 8장 18절에는 "현재의 고난은 장차 우리에게 나타날 영광과 비교할 수 없도다"라고 말씀하셨습니다.

초대 교회의 위대한 설교자였던 크리소스토무스(John Chrysostom, 349 - 407)는 "이 세상에서 모든 성도들이 당한 고난을 다 합하여도 하나님의 나라에 들어가서 보면 그곳에서 누릴 영광의 한 시간 만큼에도 비교가 안 된다"고 했습니다. 그만큼 하늘의 영광은 크고 찬란하다는 말입니다. 주님께서 이 세상에서 눈물 흘린 성도들의 눈물을 씻어 주실 것이고, 그 머리에 면류관을 씌워 주실 것이며, 놀라운 황금의 길을 걸으며 찬양해 주실 것입니다. 그 영광이 너무나 크기에 신자는 고난 속에서도 기뻐하고 즐거워할 수 있다는 말입니다.

한국의 유명한 순교자인 주기철 목사님이 1940년 9월에 잠깐 석방이 되어 산정현교회에서 마지막 유언의 설교를 하실 때 이렇게 말씀하셨습니다.

"나의 사랑하는 교우 여러분! 죽음을 무서워하며 예수를 버리지 맙시다. 한 번 죽어 영원한 천국의 복락을 누린다면 그 어찌 즐겁지 아니합니까? 주 목사가 죽는다고 슬퍼하지 마십시오."

이 세상에서 예수님을 믿음으로 말미암아 어려움이 있고 고난이 있다고 하여 예수님을 버리고 세상과 타협하여 살면 몇 년이나 살 것입니까? 앞으로 많이 살아야 삼사십 년입니다. 그다음엔 어떻게 하시렵니까? 영원한 하나님의 나라와 잠깐 동안 아침 안개와 같은 이 세상과 비교할 수 없습니다. 우리가 잠을 자다가 꿈을 꿉니다. 꿈속에서 어떤 사람에게 쫓기고 괴로움과 고통을 당합니다. 그러나 눈을 뜨고 깨어났을 때 그 꿈속에서 고통당한 것이 아무것도 아닌 것처럼 느껴집니다. 이 세상에서 그리스도를 위하여 괴로움을 당하는 일이 많지만 지나고 나서 저 천국에서 눈을 뜨면 이 세상에서 고통당하던 것은 아무것도 아니라는 말입니다. 그러므로 영원한 세계의 가치를 아는 사람은 현실적인 약간의 고난 앞에 자기의 신앙을 포기하지 않습니다. 오히려 어려움이 올 때 기뻐하고 감사합니다.

불행하게도 요즈음 성도들을 가만히 보면 너무 안일주의에 빠져 있습니다. 기독교를 도대체 무엇으로 이해하는지 모르겠습니다. 기독교는 값어치 없는 아편과 같은 종교가 아닙니다. 인간을 그저 달래는 막연한 마약과 같은 종교가 아닙니다. 생명을 걸고 싸우다가 죽어도 절대로 후회가 안 되는 종교요, 우리의 모든 것을 빼앗기고, 예수님 때문에 세상에서 구경거리가 된다 할지라도 나중에 그것과는 상대가 안 되는 영원한 축복과 영광을 누리게 만드는 참종교입니다. 이 귀한 예수 그리스도를 위하여 어떤 값이라도 우리는 지불할 수 있는 사람이 되어야 합니다.

공산주의자들이 이 세계는 공산주의 세계가 되어야 비로소 파라다이스가 온다고 믿고 있습니다. 그래서 공산주의를 위해서라면 자신의 생명은 아무것도 아닌 것처럼 던져 버립니다. 하물며 영원한 나라를 바라보고 산다는 그리스도인들이 조그마한 고통과 손해 앞에 믿음을 포기한다는 것은 말이 안 되는 이야기입니다. 대한민국을 공산주의에서 막을 수 있는 유일한 방파제는 올바르게 살아가는 그리스도인이 되는 길밖에 없습니다.

하나님의 심판

고난 당하는 성도들이 가져야 하는 세 가지 신념 중 세 번째는 하나님의 심판은 반드시 온다는 것입니다. "하나님의 집에서 심판을 시작할 때가 되었나니"(17절). 의를 위하여 고난을 당하는 자에게는 의로써 갚아 주실 것이요, 공산주의와 같이 교회를 핍박하고 하나님을 대항하는 세력에게는 하나님께서 무서운 불로 심판하실 때가 옵니다. 벌써 심판은 시작되었습니다.

스탈린이 살아 있을 때 하나님의 심판은 시작되었습니다. 그는 공포 속에서 날마다 쫓기며 사는 사람이었습니다. 8개의 침실을 만들어 놓고 날마다 보안장치를 한 다음에 어느 방에서 자는지도 모르게 자야만 겨우 잠이 드는 공포에 사로잡힌 사람이었습니다. 하나님이 그 마음에 이미 심판을 내리신 것입니다. 그 공포가 그를 붙들어 지옥으로까지 끌고 갔을 것입니다.

공산주의는 망합니다. 하나님의 손에 반드시 망합니다. 유대 나라를 괴롭힌 애굽이 살아남지 못했고, 이스라엘을 괴롭힌 아수르와 바벨론이 살아남지 못했습니다. 그리스도인들을 괴롭힌 나치의 집단이 그대로 남아 있지 못했습니다. 이처럼 심판은 반드시 오고야 맙니다. 공산 치하에서 고통스러워하는 성도들은 이 사실을 확인해야 합니다. 비록 눈물과 땀과 피의 역사가 계속되지만 어느 날 우리 주님이 재림하시면 우리가 보는 앞에서 모든 대적들이 심판받는 모습을 보게 하실 것입니다.

공산 치하에서 고통을 당하는 신자들을 위해 매일 기도해야 합니다. 그리고 자유 세계에 살면서 우리 역시 고난을 능히 감당할 수 있는 강한 그리스도인이 되어야 합니다. 그리스도를 위해서라면 어떤 고난도 기꺼이 즐거워하면서 감수하는 그리스도인이 되어야 합니다. 우리를 통하여 기독교의 강력한 정신과 힘을 주변의 모든 사람들에게 보이도록 해야 합니다. 그들을 변화시키는 새로운 역사가 일어나도록 해야 합니다. 또한 우리의 기도를 통하여 북한에 있는 형제들이 다시 해방을 맞는 새로운 자유가 도래하도록 해야 합니다. 하나님은 승리하십니다. 우리의 기도를 반드시 들으십니다. 우리 모두 이것을 믿고 힘 있게 전진하는 그리스도인이 되십시다.

13

생각이
많을 때

사람이 바로 되어야 바른 생각이 나옵니다.
더러운 생각이 나오는 마음을 거룩한 마음으로 고쳐야 생각이 건전해집니다.

* 이 장은 설교자의 의도를 살리기 위해서 본문 말씀에 한하여 《성경전서 개역한글》을 사용하였습니다.

시편 94:17-19(개역한글)

17 여호와께서 내게 도움이 되지 아니하셨더면 내 영혼이 벌써 적막 중에 처하였으리로다 18 여호와여 나의 발이 미끄러진다고 말할 때에 주의 인자하심이 나를 붙드셨사오며 19 내 속에 생각이 많을 때에 주의 위안이 내 영혼을 즐겁게 하시나이다

생각이
많을 때

어느 가정에 심방 갔을 때의 일입니다. 그 가정은 대단히 어려움을 당하고 있었습니다. 착잡한 심정으로 예배를 드렸습니다. 그때 하나님께서는 그 가정에 필요한 말씀을 주셨는데 그것이 본문 말씀인 시편 94편 17-19절 말씀입니다. 그 가정은 이 말씀에 비추어 볼 때 그야말로 발이 미끄러진 가정었습니다.

18절을 보면 "여호와여 나의 발이 미끄러진다고 말할 때에"라는 말씀이 있습니다. 이 말을 영어 성경(*Living Bible*)에서는 "주여, '내가 지금 미끄러집니다'라고 비명을 지를 때에"라는 아주 강한 인상을 주는 표현으로 말하고 있습니다.

시편 94편은 이 세상의 너무나 많은 모순 때문에 부르짖는 의인의 고통이요, 기도라고 할 수 있습니다. 3절과 4절에는 "언제까지 악한 자들이 개가를 부르도록 내버려 두시겠습니까? 주여! 언제까지 오만하여 죄를 범하는 자들이 자만하여 말하기를 하나님이 어디 있냐고 소리치게 하실 것입니까? 언제까지 불의를 행하는 자가 치부하고, 언제까지 행악하는 자가 장수하는 모순된 세상을 남겨 놓으실 것입니까?"라고 하는 의인의 호소가 가득 담겨 있습니다.

우리 주변에서도 착하게 살아 보려고 노력하는 사람들이 많은 손해를 당하는 경우를 종종 봅니다. 가슴 아픈 일입니다. 이와 같이 인생의 길은 마치 빙판과 같습니다. 세상은 사랑이 식어 버리고 아첨하는 입술과 두 마음으로 말하는 사람들이 가득 찬 곳입니다. 이러한 세상에서 산다는 것은 정말 빙판 위를 걸어가는 것과 같다고 할 수 있습니다. 아무리 조심해도 언제 내려앉을지 모르는 불안과 위험을 안고 있는 것이 인생길입니다.

어떤 때에는 18절에 있는 말씀대로 "주여, 내가 미끄러집니다" 하고 소리를 지르면 하나님께서 미끄러지지 않도록 강하게 붙들어 주실 때가 있습니다. 빙판 위를 자녀와 함께 걸어가던 아버지가 아들이 비틀거리면서 넘어지려고 하면 넘어지기 전에 꽉 붙들어 바로잡아 주는 것처럼, 하나님께서는 그의 자녀가 인생길을 걸어가다가 자기도 모르게 위기를 만나면 강한 오른손으로 붙들어 주실 때가 있습니다. 본문에 보면 "인자하심이 나를 붙드셨사오며"(18절)라고 하셨는데 바로 이런 경우라고 생각합니다.

그러나 어떤 때는 넘어진다고 아무리 아우성을 쳐도 붙들어 주지 않으시고 넘어지도록 놓아두실 때가 있습니다. 심방을 하다 보면 '왜 저렇게 믿음으로 살려고 하는 형제에게 어려움과 시련이 오는가' 하는 안타까움을 느낄 때가 많습니다. 그것은 하나님께서 우리가 전혀 꿰뚫어 볼 수 없는 깊고 심오한 계획을 가지고 넘어지도록 하신 것입니다.

지혜로운 아버지는 자녀를 끝까지 붙들어 주려고만 하지 않습니다. 또 자녀가 미끄러워서 못 가겠다고 칭얼대며 눈물을 흘린다고 해서 삽을 들고 길바닥의 모든 얼음을 파내어 주지도 않습니다. 오히려 미끄러워도 건너가게 합니다. 하나님께서도 가끔 자기 자녀가 미끄러진다고 소리쳐도 그대로 내버려 두실 때가 있습니다. 그래서 19절에 "내 속에 생각이 많을 때에"라는 말씀이 나옵니다.

사실, 넘어진 다음에 많은 생각들이 우리의 뇌리를 스쳐 지나갑니다. 나쁜 사람에게 속아서 재산을 손해 본 다음에는 생각이 많아집니다. 건강하다고 인생을 자신만만하게 살던 사람이 건강에 무서운 위기를 만나 병원에 누워 있으면, 많은 생각이 마음을 사로잡습니다. 다른 사람이 부러워할 정도로 행복한 가정을 가졌던 사람에게 어두운 먹구름이 드리우면 생각이 많아집니다. 이런 생각이 수없이 쌓이면 잠 못 이루는 밤들이 연속될 때가 있습니다.

세계에서 가장 잘산다고 하는 미국의 통계를 보면 수면제의 종류가 2백여 종이 넘는다고 합니다. 잠을 못 이루는 사람이 많다 보니까 한 가지 약을 개발하여 얼마 동안 사용하면, 면역이 생겨 잘 듣지 않습니다. 그러면 새것을 개발하고 하다 보니까 2백 종이 넘은 것입니다. 게다가 그 2백 종이 넘는 수면제를 1년 동안 사 먹는 양이 80만 파운드이며 돈으로 계산하면 25억 불이라고 합니다. 세계에서 가장 잠을 이루지 못하는 국민을 꼽으라고 하면 아마 미국 사람일 것입니다. 인간적인 입장에서 볼 때 가장 잘산다는 그들에게 왜 그렇게 잠 못 드는 밤이 많습니까?

인생을 30년, 40년을 살다 보면 우리에게도 많은 생각이 마음을 사로잡아 잠을 설칠 때가 많습니다. 많이 생각하는 것이 나쁜 것은 아닙니다. 성경에서 생각이 많은 것을 나쁘다고 말한 곳은 한 곳도 없습니다. 왜냐하면 생각은 마음을 깨어 있게 만들기 때문입니다. 평안하고 태평스러울 때는 마음이 잠을 자지만 위기를 만나 완전히 미끄러졌다고 판단될 때에는 마음이 깨어납니다. 그리고 신중하게 생각하는 사람이 됩니다.

생각이 많을 때
●

파스칼은 "인간은 자연계에서 가장 나약하다고 볼 수 있는 갈대이다. 그러나 생각하는 갈대다. 인간의 모든 존엄성은 생각하는 데 있다"라고 규정했습니다. 생각하는 것은 인간의 특권입니다. 생각한다는 것은 바람직한 일입니다.

현대인의 병은 생각할 수 있는 여유와 생각을 할 수 있는 자유를 빼앗겨 버린 마른 갈대가 되어 버렸다는 데서 기인합니다. 이것이 현대인들의 비극이요 고통입니다. 정신적으로나 영적으로 생각할 줄 모르는 사람들에게 위기가 찾아옵니다.

현대는 많은 정보들이 사람의 능력으로는 도무지 처리할 수 없을 만큼 홍수가 되어 쏟아져 나옵니다. 많은 매스컴의 자료들, 수천 종에 달하는 출판물을 통해 전 세계의 정보들이 감당할 수 없을 만큼 쏟아져 나오는 시대가 바로 우리가 사는 시대입니다. 그 결과, 사람들은 생각할 여유를 잃어버렸습니다. 듣고, 보고, 느끼는 감각 기능마저 그 한계 수위를 넘어 버린 상황이 되었습니다. 자기 자신을 되찾아 깊이 생각하는 자유를 잃어버렸습니다. 정보 공해로 현대인은 위기를 당하고 있습니다. 그러므로 생각한다는 것은 중요한 것입니다. 비록 미끄러져서 위기를 당한 다음에 오는 일이라고 할지라도 그것은 중요합니다.

본문 19절에 보면 "내 속에 생각이 많을 때에 주의 위안이 내 영혼을 즐겁게 하신다"고 하였습니다. 생각을 많이 하는 자에게 하나님의 위로가 넘치고, 하나님께서 가까이 오셔서 그와 함께 깊은 생각에 동참하시는 예들이 많습니다.

○ ○ ○ ○ ○ ○ ○ ○
건전하게 생각하라

모든 생각이 다 건전한 것은 아닙니다. 특별히 미끄러져서 위기를 당한 다음에 오는 생각들은 잘못하면 병든 생각이 되기 쉽습니다. 많은 잡념들, 공상들, 원한과 공포와 불안이 한데 엉킨 생각들일 수 있습니다. 이 생각은 드디어 번뇌를 일으키고, 그 번뇌가 계속되면 병을 일으키곤 합니다. 그러므로 생각하는 것보다 더 중요한 것은 건전하게 생각할 줄 아는 것입니다. 그러면 쓰러져 누워 있을 때에 오고 가는 많은 생각들을 어떻게 건전한 생각으로 바꿀 수 있습니까? 어떻게 하나님의 위로가 내 영혼을 즐겁게 하는 깊은 은혜의 경지까지 들어갈 수 있습니까?

첫째, 사람이 바로 되어야 건전한 생각을 합니다. 아무리 생각이 중요해도 사람이 바로 되어야 바른 생각이 나옵니다. 양심의 가책을 받아야 될 문제에 대하여 전혀 양심의 가책을 받지 않을 만큼 변화되지 않았다면 그 마음에 건전한 생각이 일어날 수가 없습니다. 항상 남을 원망하고 자기 자신만이 완전하다고 생각하는 교만한 마음의 상태를 가진 사람에게 건전한 생각을 요구하는 것은 무리입니다. 그러므로 생각이 바로 되려면 사람이 바로 되어야 합니다.

현대 심리학자들이 무조건 생각을 긍정적으로, 또는 적극적으로 하면 사람도 바뀌고 생활도 바뀐다고 강조하지만, 그것은 일종의 기만입니다. 약간의 효과는 있을지 모르지만 근본적인 치료는 안 됩니다.

하나님은 이렇게 말씀하십니다. "사람이 중생받아야 생각도 중생받는다. 그때야 바른 생각을 할 수 있다." 이것은 하나님의 법칙입니다. 그러므로 마음 바탕이 올바로 되어 있지 않은 자는 예수 그리스도 앞에서 고침을 받아야 됩니다. 더러운 생각이 나오는 마음을 거룩한 마음으로 고쳐야 됩니다. 모든 추한 것들을 하나님 앞에 회개하고 나서 하나님이 주시는 깨끗하고 부드러운 마음을 받아야 생각이 건전해지는 것입니다.

저 미국에 잠을 이루지 못하는 수천만의 사람들이 예수님을 믿고 근본적으로 변화된 새사람이 되었다고 한다면, 잠을 자기 위하여 투자하는 25억 불이라고 하는 그 많은 돈을 절약할 수 있었을 것입니다. 많은 사람들이 수면제를 먹어야 잠을 이룰 수 있다는 것은 사람이 바뀌지 않았다는 이야기입니다.

기독교는 사람을 바꾸는 변화의 종교입니다. "누구든지 그리스도 안에 있으면 새로운 피조물이라 이전 것은 지나갔으니 보라 새것이 되었도다"(고후 5:17).

예수님을 믿는다는 것은 바뀌는 것입니다. 바뀔 때에야 비로소 바른 생각을 하게 됩니다. 심령주의 철학자 윌리엄 제임스(William James, 1842-1910)가 "우리 세대 가운데서 가장 위대한 발견은 인간이 마음의 태도와 생각의 자세가 바뀜으로 그 생활을 바꿀 수 있다는 사실이다"라고 말한 것을 기억합니다. 이것은 현대 철학이 발견한 가장 중요한 사실이라고 했습니다.

사람이 영적으로 바뀌어 하나님의 거룩한 자녀가 되면 생각이 바뀝니다. 생각이 바뀌면 자동적으로 그 사람의 생활도 바뀝니다. 예수님을 믿고 변화 받아 새사람이 되어 하나님과의 관계에서 항상 건전하게 서 있는 사람이 되면 생각을 바로 하게 되고, 그 생각에 따라서 생활 환경과 여건이 달라집니다. 이 변화의 작업을 성령이 해 주십니다. 우리 안에 거하시는 성령께서 우리를 완전히 변화시켜 주십니다. 이 것을 체험하는 사람이 그리스도인입니다. 그리스도인들에게도 먹구름은 가끔 덮히지만 금방 걷혀 버리고 하나님이 주시는 아름다운 생각을 가지고 더 높은 차원으로 올라갑니다.

믿음을 가진 사고

건전한 생각은 건전한 믿음에서 생깁니다. 사람이 바뀌면 드디어 믿음의 사람이 됩니다. 믿음은 그리스도인에게는 중요한 것입니다. 우리가 잘 아는 바와 같이 인간은 어디까지나 피조물입니다. 피조물이란 의미는 독립된 사고를 할 수 없는 존재라는 것입니다. 피조물이 창조자를 무시하고 자신이 스스로 옳다고 생각하는 어떤 독립적인 사고를 한다면 그 사람은 분명히 위험한 상태에 와 있습니다. 아담과 하와가 피조물이었기 때문에 하나님을 완전히 무시하고 자기 스스로 독립된 사고와 결단을 내렸을 때 그들은 무서운 과오를 범했고, 다시 돌이킬 수 없는 비극으로 치달았습니다.

모든 인간은 피조물이라는 것을 잊지 말아야 합니다. 이 피조물이라는 단어 안에 모든 기독교인의 진리가 요약되어 있습니다. 피조물이기 때문에 모든 생각을 하나님의 뜻에 일치시키는 예속적인 사고를 해야 합니다. 이때에 비로소 건전한 사고를 하게 되고 이것을 일컬어서 '믿음을 가진 사고'라고 합니다.

믿음의 사고는 하나님의 말씀을 통하여 발견할 수 있습니다. 하나님의 말씀에는 믿음이 없는 자를 믿음 있는 자로 만드는 놀라운 능력이 있습니다. 믿음이 없어서 날마다 방황하는 사람으로 하여금 믿음의 닻을 힘 있게 내려서 건전한 생각을 하게 합니다.

빈센트 필(Norman Vincent Peale, 1898-1993) 목사는 굉장히 급성장하는 어느 회사 사장의 초대로 그 회사를 방문하게 되었습니다. 그 회사를 견학하고 사장실로 들어가서 그 안을 둘러보았습니다. 모든 것이 최신형이고 최고급으로 장식되어 있으며, 멋진 계획을 가지고 발전하는 회사임을 한눈에 알아볼 수 있었습니다. 그런데 그 방의 분위기에 어울리지 않게 책상 위에 너덜너덜하게 다 낡은 책이 한 권 있었는데 그것은 손때가 묻은 가죽 성경이었습니다. 그 회사에서 낡은 고물에 속하는 것은 그 성경 하나뿐이었습니다. 그래서 목사가 사장에게 물었습니다. "저렇게 낡은 성경을 왜 책상 위에 두고 있습니까?" 사장은 "예, 이 성경은 보기에는 낡았지만, 우리 회사에서 가장 새로운 최신식으로 첨단을 걷는 것입니다. 왜냐하면 제가 이 성경을 펼칠 때마다 하나님께서는 언제나 새로운 음성으로 나에게 새로운 아이디어와 신념을 주시기 때문입니다. 그러므로 이 성경은 이 회사에서 가장 첨단을 걷는 최신식 시설입니다. 그래서 항상 저의 책상 위에 두고 있습니다"라고 대답하는 것이었습니다.

그 목사가 하도 신기해서 "언제 당신이 하나님의 말씀을 통해서 변화 받으셨습니까?"라고 물었더니 그는 차분히 이렇게 간증했습니다.

그가 대학교에 다닐 때 믿음이 좋으셨던 어머님이 그에게 이 성경책을 주시면서 "애야, 인생을 살리려면 하나님의 말씀이 없어서는 안 된단다. 틈이 날 때마다 이 말씀을 읽거라"고 하셨습니다. 그 당시는 어머니의 마음을 섭섭하게 하지 않기 위해서 감사하다며 성경을 받았습니다. 그러나 마음속으로 '어머니는 구식 사람이야. 그러니 아직도 저런 케케묵은 성경의 말에 매여서 인생을 멋없게 사시지. 그러나 난 달라. 최고의 학벌을 공부했는데'라는 생각에 그 성경을 책장에 꽂아 놓고는 몇 년이 지나도록 한 번도 펴 보지 않았습니다.

대학을 졸업하고 현실에 뛰어들어서 일을 시작하는데 이상하게 일이 잘 안 됩니다. 생각이 점점 삐뚤어지고 순진성도 잃어 가고 건전하게 생각하던 사고도 병이 들어 나중에는 모든 일에 독단적인 사람이 되어 버리고 말았습니다. 자신의 판단만이 옳고 믿을 수 있지, 다른 사람의 생각은 도무지 받아들일 수 없는 이상한 사람으로 변해 버렸습니다. 만신창이가 된 것입니다. 본문의 말씀처럼 미끄러진 것입니다.

실의에 빠져 자기 서재에서 이 책, 저 책을 뒤적이는데 갑자기 먼지가 뽀얗게 앉은 성경책이 눈에 띄었습니다. 어머니가 주신 것을 기억하면서 꺼내어 펼쳐 보았습니다. 눈에 들어오는 말씀이 시편 27편 1절이었습니다. 말씀을 생각 없이 읽다가 1절에서 "여호와는 내 생명의 능력이시니 내가 누구를 무서워하리요"라고 하는 말씀에 그는 완전히 사로잡혔습니다.

드디어 인생의 주인은 하나님이시라는 사실을 발견하게 되었고, 생명의 원천도 하나님이시라는 것을 알게 되었습니다. 그의 간증에 의하면 1절을 읽는 순간 그 말씀에 완전히 붙들렸고, 자기도 모르는 사이에 내적으로 변화를 받았다는 것입니다. 사람이 변하니까 지금까지 생각했던 모든 것들이 다 잘못되었다는 것을 발견하게 되었습니다. 그다음부터 하나님의 말씀을 열심히 읽으면서 믿음의 사람이 되고 생각의 방법이 달라지게 되었습니다. 그의 회사는 바로 그가 변화받은 뒤에 얻은 하나님의 축복의 사업장이 되었습니다. 당신도 하나님의 말씀에 붙잡히면 믿음의 사람이 됩니다.

진리를 알지니 진리가 너희를 자유롭게 하리라_요 8:32

하나님 말씀의 진리를 배우면 지금까지 내가 매여서 꼼짝 못하던 더러운 생각에서 해방되고, 하나님이 주시는 귀하고 건전한 사고를 할 수 있게 됩니다. 다시 말해서 창조자 되신 하나님을 자기 삶의 중요한 위치에 모시고 사는 사람은 건전한 사고를 하는 사람이 되는 것입니다. 그러므로 믿음이 있어야 바른 사고를 하게 됩니다.

건전한 생각은 기도로 열매를 맺습니다. 생각이 많은 밤, 잠을 이룰 수 없는 밤, 많은 생각이 오고 갈 때 하나님의 말씀을 조용히 읽어 보십시오. 그리고 하나님께서 나와 함께하신다는 믿음을 가지고 생각들을 정리해 보십시오. 그러면 더럽고 잘못된 생각들이 다 키질 되어 날아가 버리고 건전한 생각만 남게 됩니다. 건전한 생각을 가슴에 안고 기도의 골방을 찾으십시오.

생각이 많을 때 하나님께서 그의 위로로 우리의 영혼을 즐겁게 해 주신다고 하셨는데 이 체험은 기도의 골방에서 하게 됩니다. 하나님은 겸손한 마음으로 엎드려 간구하는 기도를 들으시고 기도하는 그 마음에 놀라운 위로와 은혜를 주십니다. 모든 생각이 하나님 은혜의 이슬로 촉촉하게 젖게 되고 이슬에 이슬을 머금은 모든 생각들이 아름다운 꽃봉오리처럼 피어나기 시작합니다. 근심이 변하여 찬양이 되고, 원망이 변하여 감사가 되고, 모든 잡념들이 변하여 하나님께 즐거운 환희를 표현할 수 있는 기도의 제목들이 됩니다.

많은 생각들을 믿음과 말씀으로 정리하고 나서, 건전한 생각만 가슴에 안고 기도의 골방으로 들어가 아뢰기 시작하면 하나하나 아름다운 꽃으로 피어나기 시작합니다.

예배를 드리고 가시던 집사님 한 분이 "목사님 말씀이 맞아요" 하기에 "집사님, 뭐가 맞습니까?" 하고 되물었더니 "목사님! 나이가 많아지니까 밤이 되면 혼자 울 때가 많아요. 그런데 생각들이 많아지고 마음이 괴로워서 답답해 하다가도 하나님께서 나와 함께 계시니까 괜찮다고 하는 믿음을 가지고 기도하면, 마음의 고통이 사라지고 하나님께서 주시는 위로가 내 마음에 넘치는 것을 많이 체험해요"라고 하는 것이었습니다.

그렇습니다. 생각이 많을 때에 하나님의 위안이 우리의 영혼을 즐겁게 해 줍니다. 그러므로 생각이 많은 밤에 복잡한 문제로 말미암아 베개를 안고 새벽을 맞으면 곤란합니다. 빨리 일어나 조용한 골방을 찾아가 하나님께 다 아뢰면 그 마음에 아름다운 은혜를 충만하게 주십니다.

에베소서 3장 20절을 보면 "우리 가운데서 역사하시는 능력대로 우리가 구하거나 생각하는 모든 것에 더 넘치도록 능히 하실 이에게"라고 했습니다. 우리의 많은 생각들이 기도로 표현되면 주님께서 우리의 생각을 다 알고 계시므로 생각하고 구하는 것 이상으로 넘치도록 주신다는 말씀입니다.

> 이는 내가 그 피곤한 심령을 상쾌하게 하며 모든 연약한 심령을 만
> 족하게 하였음이라 하시기로 내가 깨어 보니 내 잠이 달았더라
> _렘 31:25-26

이 말씀의 배경은 아마 예레미야가 잠자리에 누워서 많은 슬픔과 고통에 사로잡혀 눈물을 흘리며 괴로워하던 밤이었던 것 같습니다. 그런데 그 모든 괴로움과 피곤한 심령과 생각들을 가지고 조용히 하나님께 아뢸 때 하나님께서 그의 마음을 열어 주시고 위로의 말씀을 주셨다는 뜻입니다.

그리스도인은 예수님을 모르는 사람보다 많은 생각을 해야 합니다. 생각을 하되 건전한 믿음의 생각을 해야 하며 그 모든 생각을 은혜

의 기도 골방으로 가지고 가야 합니다. 우리의 괴로움과 모든 슬픔들을 다 그분께 토로하면 슬픈 마음을 위로해 주시고 피곤한 심령을 상쾌하게 해 주시며 놀라운 기쁨을 주십니다. 그렇게 되면 예레미야의 고백처럼 "그날 밤은 내 잠이 유달리 달았더라"고 말하게 됩니다.

14

당신은
자족할 줄 아는가

감사는 멀리 있는 것이 아닙니다. 감사의 조건은 가까운 데 있습니다.
찾기만 하면 자족할 수 있습니다.
자족할 수 있다면 어떤 환경에서도 우리는 행복할 수 있습니다.
자족의 비결을 배우는 것은 행복을 얻는 것입니다.

빌립보서 4:10-13

10 내가 주 안에서 크게 기뻐함은 너희가 나를 생각하던 것이 이제 다시 싹이 남이니 너희가 또한 이를 위하여 생각은 하였으나 기회가 없었느니라 11 내가 궁핍하므로 말하는 것이 아니니라 어떠한 형편에든지 나는 자족하기를 배웠노니 12 나는 비천에 처할 줄도 알고 풍부에 처할 줄도 알아 모든 일 곧 배부름과 배고픔과 풍부와 궁핍에도 처할 줄 아는 일체의 비결을 배웠노라 13 내게 능력 주시는 자 안에서 내가 모든 것을 할 수 있느니라

당신은
자족할 줄 아는가

본문 말씀은 우리가 평소에 퍽 사랑하는 말씀 중 하나입니다. 이 말씀을 읽는 사람마다 제각기 느끼는 감정이 다를 것입니다. 그런데 거의 대부분이 대동소이한 느낌을 가지리라고 봅니다. 저는 이 본문을 읽을 때마다 유난히 저의 마음을 사로잡는 하나의 단어를 보게 되는데 그것은 11절 끝에 있는 바로 '자족'이라는 단어입니다.

스스로 만족할 줄 아는 마음의 상태를 '자족'이라고 합니다. 우리가 이 자족에 대한 인상을 뚜렷이 하기 위해 원어를 알고 있는 것도 좋을 것 같습니다. 자족을 원어로 '아우타르케이아'라고 합니다. 우리 모두 이 말을 외워 둡시다. '아우타르케이아!' 그리하여 특별히 불만이 쌓일 때마다 이 말을 상기하고 '아우타르케이아'의 뜻을 묵상하면 점차로 마음의 평안을 되찾게 될 것입니다.

본문에서 자족한다는 말을 하는 사람은 바울입니다. 그런데 바울은 죄수였습니다. 로마 감옥에 갇혀 언제 풀려나올지 모르는 비참한 신세였습니다. 그는 결코 만족할 만한 것이 없는 밑바닥 인생이었습니다. 그런데 바울은 "어떠한 형편에든지 나는 자족하기를 배웠노라"(11절)고 말하고 있습니다. 얼마나 놀라운 일입니까? 죄수의 입장에서 자족한다는 말을 하는 것은 정말 우리에게 굉장한 충격이 아닐 수 없습니다. 그래서 이 말씀이 더 힘이 있습니다.

바울이 감옥에서 쓴 서신으로 유명한 빌립보서를 읽으면 가장 자주 나오는 말씀이 '기뻐한다'는 것입니다. 그는 힘 있게 유쾌한 음성으로 다음과 같이 말합니다.

주 안에서 항상 기뻐하라 내가 다시 말하노니 기뻐하라_빌 4:4

감옥에 갇혀 있는 사람이 이처럼 "기뻐하라"는 말을 할 수 있을까요? 어떻게 그것이 가능할까요? 정말 우리가 깊이 생각해 보지 않을 수 없습니다. 감옥에 앉아서 기뻐하라고 소리치는 바울을 보면 아무 구속도 받지 않고 마음대로 거리를 활보하며 다니는 사람이 오히려 무색할 정도입니다. 그러므로 이 기쁨은 보통 기쁨이 아닙니다. 어떤 환경의 지배도 받지 않고 항상 마음속에 누릴 수 있는 기쁨! 바로 이 기쁨이 솟아나는 샘이 '아우타르케이아'입니다. 자족입니다.

비록 감옥에 앉아 있어도 스스로 만족할 줄 아는 그 마음에서부터 이 기쁨은 솟기 시작했습니다. 그러므로 이 기쁨을 바울에게서 빼앗아 갈 자가 아무도 없었던 것입니다. 이런 의미에서 우리는 이 본문을 주시해 볼 필요가 있습니다. 바울이 이와 같은 '아우타르케이아'를 가지고 기뻐할 수 있었다면 우리도 이 비법을 배워서 기뻐할 수 있어야 합니다. 바울은 감옥에 앉아서도 자족하며 기뻐했는데 여러 가지로 풍요롭고 자유로운 환경에 사는 우리가 왜 기쁨이 없고 불평스러운 삶을 살아야 합니까? 이왕 예수님을 믿고 살 바에는 바울처럼 살아야 합니다.

자족은 배우는 것

"어떠한 형편에든지 나는 자족하기를 배웠노니"(11절)란 말씀에 주목해 보아야 합니다. 자족은 배워야 하는 것입니다. 자족은 자연적으로 얻어지는 것이 아닙니다. 바울은 우리에게 자족은 배워서 얻는 것이라고 분명하게 말하고 있습니다. 배우기 전에는 전혀 몰랐다는 이야기나 다름없습니다. 이것은 굉장한 진리입니다. 우리가 경험적으로 아는 사실은 인간 본성만으로 항상 자족하는 사람은 하나도 없다는 것입니다. 아담으로부터 물려받은 부패한 우리의 성품을 보면 불평과 불만으로 부글부글 끓고 있는 지옥이지, 작은 것에도 감사하고 자족할 줄 아는 마음이 아닙니다. 이것은 마치 갈지 않은 땅과 같습니다. 가만히 내버려 두어도 거기에는 잡초가 납니다. 거기에는 가시덤불이 엉킵니다. 잡초 씨앗을 가져다가 심을 필요가 없고 가시나무 종묘를 가져다가 심을 필요가 없습니다. 가만히 내버려 둬도 잡초는 나고 가시는 뿌리를 내립니다. 인간의 마음도 똑같습니다. 불평을 가르쳐 줄 필요가 없습니다. 가만히 있어도 인간의 마음에는 항상 불평이 쏟아져 나오게 되어 있습니다.

부인들에게는 좀 죄송합니다만 부인들이 시집오기 전에 바가지 학원에 가서 특별히 바가지 긁는 법을 배우지 않았습니다. 그런 특강을 배워야만 남편을 못살게 구나요? 그것은 아담으로부터 이어받은 못된 본성에서 나오는 천성입니다. 비단 여자만 그렇지 않습니다. 남자들도 말을 안 해서 그렇지 항상 마음속에는 불만과 불평이 가득합니다. 이것이 인간입니다. 그러므로 우리의 마음을 즐겁게 하는 아름다운 꽃 한 송이를 키우려면 땅을 그대로 두어서는 안 됩니다. 땅을 갈고, 모종을 심고, 물을 주고, 거름을 주고 가꾸어야 합니다. 그래야만 아름다운 꽃 한 송이를 얻을 수 있고 일용할 양식인 곡식을 얻을 수 있습니다.

자족도 마찬가지입니다. 자족이라는 것은 천상의 꽃입니다. 가만히 내버려 두어도 우리의 본성에서 저절로 피어나는 것이 아닙니다. 배워야 합니다. 배우지 않으면 자족할 줄 모릅니다. 그러면 바울이 어떤 방법으로 자족을 배웠는지 한 번 살펴보아야 하겠습니다. 12절 말씀을 가만히 음미해 보십시오.

> 나는 비천에 처할 줄도 알고 풍부에 처할 줄도 알아 모든 일 곧 배부름과 배고픔과 풍부와 궁핍에도 처할 줄 아는 일체의 비결을 배웠노라_빌 4:12

이 말을 알기 쉽게 풀이하면 '나는 가난하다는 것이 무엇인지 알고 부족하다는 것이 무엇인지 안다. 나는 잘 먹을 때나 배고플 때나 넉넉할 때나 아쉬울 때나 어떤 형편에서든지, 그리고 모든 형편에서 자족하는 비결을 배웠노라'라는 뜻입니다.

바울은 생의 경험을 통해서 자족을 배웠다고 말하고 있습니다. 그는 가난을 겪으면서 가난 속에서 자족하는 비결을 알았습니다. 그는 부요함을 경험하면서 부요 속에서 자족하는 비결을 터득했습니다. 여기서 "배웠노라"라는 단어는 현재완료형입니다. 현재완료 동사의 기능을 우리가 상식적으로 알지 않습니까? 그것은 지금까지의 경험을 통해서 이어진 행동을 말합니다. 그러니까 지금까지 배워 왔다는 의미를 가지고 있습니다. 가난할 때, 부할 때, 배고플 때, 배부를 때, 천

할 때, 또는 존귀할 때 등 갖가지 인생 경험을 거쳐 오면서 배웠다는 것입니다. 환경을 통해서 배웠다고 했습니다.

사실 바울만큼 다양한 인생 경험을 한 사람도 드물 것입니다. 그는 굉장히 부유한 집안에서 태어난 사람이었습니다. 그러나 인생 후반에는 주를 위해서 지독한 가난을 몸소 체험한 사람입니다. 바울처럼 존귀를 받은 사람도, 바울처럼 멸시와 천대를 받은 사람도 드물 것입니다. 그는 인생의 양극단 사이를 오가면서 다양한 경험을 통하여 자족할 수 있는 비결을 배웠던 것입니다.

우리 가운데서 어떤 사람도 바울과 같은 다양한 인생을 살아 본 사람이 별로 없을 것입니다. 가난을 맛보지 못한 사람이 가난을 알 도리가 없고 돈이 한 푼도 없는 사람이 부자의 사정을 알 도리가 없습니다. 그래서 인생은 경험이라고 합니다. 바울은 갖가지 인생 경험을 했지만 우리는 부분적으로 조금씩 경험했을 뿐입니다. 바울을 따라가려면 아직도 요원합니다. 그러나 한 가지 분명한 사실은 우리가 현재 몸담고 있는 환경이 자족을 배울 수 있는 값진 기회가 된다는 사실입니다.

당신은 가난합니까? 가난하다면 지금의 그 환경이 대단히 중요합니다. 왜냐하면 바울처럼 자족할 줄 아는 것을 배우는 절호의 기회이기 때문입니다. 평생 가난하라는 법은 없습니다. 언젠가 가난이 지나갑니다. 나중에는 가난하고 싶어도 가난할 수 없는 상황이 될 수도 있습니다.

지금의 기회를 놓치면 다음에 배우고 싶어도 배우지 못할 경우가 있을 수 있습니다. 지금이 자족하는 것을 배울 수 있는 참 좋은 기회라고 생각하십시오. 지금 가난할 때 자족하지 못하면 다음에 부자가 되어도 자족하지 못하는 사람이 될 것이요, 지금 부유하게 살면서도 자족하지 못하면 다음에 가난해질 때 자족하지 못할 것입니다. 그러므로 지금 자족하는 방법을 배워야 합니다.

자족하는 비결

이제 우리가 검토할 것은 바울이 배운 그 자족의 실재적인 내용이 무엇인가 하는 것입니다. 바울은 그것을 "비결"이라고 하는 단어를 사용하여 말하고 있습니다(12절). 13절에서 바울은 "내게 능력 주시는 자 안에서 내가 모든 것을 할 수 있느니라"고 말하고 있습니다. 이 말을 바꾸면 '어떤 환경에 처하든지 그때마다 내게 능력을 주시는 예수 그리스도 안에서 나는 언제든지 자족할 수 있다'는 뜻입니다. 그리하여 바울의 비결을 이렇게 두 가지로 정리할 수 있습니다.

첫째로, 어떤 형편에서든지 자족할 수 있는 능력을 주님이 주신다는 것입니다. 둘째는, 그 능력을 받으면 어떤 환경에서든지 자족할 수 있다는 말입니다. 이것이 바울의 비결입니다.

어떤 식당에서 식사를 할 때의 일입니다. 찍어 먹는 소스가 참 맛있어서 어떤 사람이 "야! 이거 참 맛있네" 하니까 옆에 있던 사람이 "이 정도면 나도 만들 수 있겠어. 몇 가지만 들어가면 되겠지"라고 대꾸했습니다. 옆에서 가만히 그 말을 듣고 있던 웨이터가 "아, 그거 못 만들거예요. 그 비결은 우리 주방에 있는 한 사람만 아는 걸요"라고 말했습니다. "그래요? 그렇게 어려워요?"라고 손님이 묻는 말에 웨이터는 "그럼요. 그 사람은 그것 가지고 먹고사는데요. 아무도 안 가르쳐 줘요"라고 대답을 하는 것이었습니다. 아마 몇 가지 재료를 섞어서 묘하게 맛을 낼 것입니다. 사실 비결이라는 것도 따지고 보면 별것 아닐 것입니다. 그러나 그 방법을 익히느라 오랫동안 고생한 사람에게는 매우 소중한 것임에 틀림없습니다.

우리가 바울의 비결을 가만히 보면 별것 아닌 것같이 보일 수도 있습니다. 그러나 바울에게는 대단한 것입니다. 그가 경험을 통해서 배웠기 때문입니다. 바울이 말하는 비결은 '예수님의 능력'입니다. 그런데 "능력 주시는 자"라는 말은 '나를 강하게 하는 자'라는 말로 바꿀 수 있습니다. 이런 의미로 보면 바울은 예수님이 어떤 경우에서나 능력을 공급하는 원천이 되는 것을 알고 있었던 것입니다. 가난 속에서는 그 가난에 구애받지 않고 자족할 수 있도록 주님이 자기를 강하게 하시는 것을 알았습니다. 부요한 형편에 놓였을 때는 그 부요에 자기의 마음이 빼앗기지 않을 수 있는 능력을 주님이 주시는 것을 알았습니다. 그래서 그의 말을 요약하면 '자족은 사람의 힘이 아니라 오직 주님이 주시는 힘이다. 주님의 능력만 받으면 어떤 환경에서든지 자족할 수 있다'라고 할 수 있습니다.

바울은 이것을 한 단어로 묶어서 "능력 주시는 자 안에서"라고 표현했습니다. 이 "안에서" 라는 말에는 '자족은 주님이 주신다. 주님이 주시는 힘이 있을 때 가능하다. 그 힘을 받으면 언제든지 자족할 수 있다. 어떤 환경에서든지 주님은 그 힘을 주신다'라는 뜻이 내포되어 있습니다.

당신에게 이와 같은 '주 안에서'의 비결이 있습니까? 어떤 환경에서든지 주님이 주시는 능력을 경험하고 살고 있습니까? 만약 제가 인생 경험을 많이 한 노련한 사람이요, 또 연구를 많이 한 신학자라고 한다면 주님이 주시는 이 능력을 좀 더 선명하게 설명할 수 있을지 모릅니다. 그러나 저는 제 자신의 한계 안에서 주님의 능력을 몇 가지 말씀드리고자 합니다. 바울이 말하는 비결, 즉 예수 그리스도가 환경이 바뀔 때마다 주시는 능력이 실제로 어떤 것인가를 다음의 세 가지로 말할 수 있습니다.

환경을 초월하는 능력

첫째, 환경의 노예가 되지 않는 능력입니다. 어떤 환경을 만나든지 그 환경에 매이지 않고 살 수 있는 능력입니다. 우리의 마음은 환경의 변화에 대단히 민감합니다. 부유하던 사람에게 갑자기 재난이 닥치면 정신을 차리지 못합니다. 아무리 믿음이 좋은 사람이라도 한동안은 제정신이 아닙니다. 얼마나 당황하게 됩니까? 믿음이 어디 있어요? 그때에는 기도도 안 나오고 찬송도 안 나옵니다. 한참 정신을 잃고 있다가 나중에 겨우 "주여!" 하고 찾는 것이 우리의 일반적인 태도입니다.

그런데 그와 같이 암담한 상황에 놓였을 때도 이상한 힘이 자기의 내면에서 일어나는 것을 느낍니다. 이것은 경험해 보지 못한 사람은 모릅니다. 도무지 자신을 주체할 수 없는 어려운 환경인데도 이상하게 환경을 마음대로 다스릴 수 있을 것 같은 자신감이 생기고, 자기가 절대로 망하지 않으리라는 믿음이 생기면서 나름대로의 기대를 가지고 환경을 내려다볼 수 있는 힘을 갖습니다. 당신은 이것을 체험해 보신 적이 있습니까? 환경을 초월해서 모든 것을 다룰 수 있는 신비스러운 힘을 아십니까? 환경의 노예가 되지 않는 능력을 아십니까? 이것이 지금 바울이 말하는 하나님의 능력입니다.

환경이 바뀔 때마다 그것을 초월할 수 있는 하나님의 능력을 체험한 사람 가운데서 우리는 구약의 요셉을 빼놓을 수가 없습니다. 요셉의 일생을 보십시오. 아버지로부터 그렇게 총애를 받던 소년이 하루아침에 노예가 되어 버린 사건을 우리는 잘 압니다. 요셉의 환경이 그렇게 바뀌었을 때 그에게 따라다니는 말이 하나 있습니다. "여호와께서 요셉과 함께하시므로"라는 말입니다.

이 말은 무엇을 의미합니까? 노예 환경에 그가 내던짐을 받았지만 그 속에서 하나님이 그 모든 환경에 구애받지 않고 자족할 수 있는 사람으로 능력을 주셨다는 말입니다. 그러므로 요셉이 노예 생활을 할 때에도 얼마나 정정당당하게 밝은 얼굴로 생활을 했는지 우리는 성경을 읽으며 짐작할 수 있습니다.

조금 지나서 요셉의 환경이 또 한 번 바뀝니다. 요셉은 감옥으로 끌려가게 됩니다. 그럴 때도 똑같은 말씀이 따라옵니다. "여호와께서 요셉과 함께하시므로." 이것은 감옥에서도 요셉이 그 환경에 매이지 않고 그 환경을 이길 수 있는 능력을 하나님으로부터 받았다는 말입니다. 그러므로 요셉은 감옥에서 생활할 때 일반 죄수들과 같이 어두운 얼굴이 아니었습니다. 그는 여유만만하게 다른 형제들을 도우면서 기쁘게 감옥 생활을 할 수 있었습니다.

이러한 요셉을 보고 생을 포기하고 체념했다고 말할 수 있습니까? 체념한 것이 아닙니다. 바울도 마찬가지입니다. 네로가 파 놓은 지하 감옥에 갇혀서 쇠고랑을 차고 있었지만 주 안에서 기뻐하라고 외친 그를 향해 체념한 사람이라고 말할 수 있습니까? 천만의 말씀입니다. 이것은 하늘로부터 하나님이 주시는 어떤 능력을 공급받을 때만 가능한 정말 멋진 사람의 모습입니다. 당신에게 이 능력이 있습니까? 이 능력을 알고 있습니까? 날마다 환경에 매여서 헤어나지 못하는 미약한 자가 되는 것은 참으로 비참합니다. 예수님을 믿는 사람이 세상 사람과 다른 점이 무엇입니까? 환경에 매이지 않는다는 것입니다. 우리는 가난하든 부하든 간에 환경을 마음대로 다루면서 살 수 있는 능력을 가지고 있습니다.

감사의 조건을 찾아내는 능력

바울이 말하는 능력 두 번째는 어떤 환경에서든지 감사의 조건을 찾아낼 수 있는 능력입니다.

항상 확신하는 것은 하나님이 만드신 피조물은 그 어떤 것이든 아름다운 점을 한두 가지 가지고 있다는 사실입니다. 끔찍한 벌레가 지나가더라도 그 벌레를 자세히 보면 그 흉하게 생긴 놈에게도 그 속에 조물주가 만들어 놓은 아름다움이 있습니다. 마찬가지로 우리가 일생을 살면서 겪는 모든 환경에는 그것이 천하든 귀하든 간에 적어도 한두 가지는 감사할 조건이 들어 있다고 저는 확신합니다. 그런데 그 감사할 조건은 아무에게나 쉽게 발견되지 않습니다. 오직 하나님께서 능력 주셔서 눈이 열리는 자만이 발견할 수 있습니다. 그것은 높은 나무 끝에 매달려 있는 아름다운 열매라고 말할 수 있습니다.

자족이나 감사를 소재로 하여 말씀을 묵상할 때마다 제 마음속에 떠오르는 자매가 있습니다. 지금 이 순간에도 그 자매의 아름다운 음성이 제 마음을 두드리는 것 같습니다.

몇 년 전에 교회에 소록도의 한센병 환자들이 초빙되어 와서 하모니카 연주회를 한 적이 있습니다. 손가락도 없는 그 이상한 손에다가 하모니카를 끼워서 비뚤어진 입으로 신나게 불어 대던 그 기막힌 사람들의 모습이 아직도 우리 마음속에 남아 있습니다. 눈물 없이는 볼 수 없는 감격의 순간이었습니다. 그런데 연주하는 도중에 소록도에서 간호사로 수고하는 믿음 좋은 자매가 강단에 올라와서 간증을 했습니다. 그 자매의 입에서 나온 첫마디는 저에게는 하나의 원자폭탄이었습니다. "세상은 참으로 공평하다고 생각합니다." 이 말 한마디에 저는 굉장한 충격을 받았습니다. 처음 자매의 그 말을 들었을 때, 저는 그 자매가 무엇을 이야기하려는 것인지 꿰뚫어 볼 수 있었습니다. 이어서 그 자매는 이렇게 말을 했습니다.

"나환자들에게는 건강한 사람들이 갖지 못하는 감사의 조건이 있습니다. 그들에게도 웃음이 있고 만족이 있습니다. 어떤 면에서는 그들이 건강한 사람들보다도 더 행복할지 모릅니다. 그들은 생에 대한 탐욕을 다 버린 사람들이고 마음을 완전히 비운 사람들입니다. 그러므로 마음을 비우지 못한 건강한 사람들이 보지 못하는 행복과 만족이 있습니다. 그래서 오늘도 기뻐하고 찬송하는 것입니다."

그 자매는 이런 요지의 간증을 했습니다. 제가 소록도에 가서 집회를 인도할 때 나환자들과 접촉하면서 이 사실을 볼 수 있었습니다. 우리가 알지 못하는 기쁨이 그들에게 있는 것을 보았습니다. 이런 의미에서 인생은 공평한 것입니다.

나환자들의 세계에서도 영의 눈을 뜨고 세상을 보면 감사할 조건이 있습니다. 믿음의 눈을 뜨고 보면 감사할 조건이 있고 만족할 만한 조건이 있다는 말입니다. 주님은 그들의 병을 고쳐 주는 대신에 그 환경에서 감사하고 만족할 수 있는 조건들을 발견할 수 있는 눈을 열어 주신 것입니다. 그렇기 때문에 그들이 모여 찬송하는 소리를 들으면 천상을 날아 올라가는 것 같은 놀라운 영감을 느끼게 됩니다.

감사는 멀리 있는 것이 아닙니다. 감사의 조건은 가까운 데 있습니다. 찾기만 하면 자족할 수가 있습니다. '아우타르케이아'는 멀리 있는 것이 아니요, 가까운 곳에서 자신이 처한 환경에서 한두 가지 감사의 조건을 찾아내는 데서 시작됩니다. 아무리 가난해도 있습니다. 아무리 부부 사이가 나빠도 그 속에 감사할 조건이 있습니다. 오직 하나님이 능력 주시는 자만이 그것을 찾아낼 수 있습니다. 그럴 때 자족을 체득하게 됩니다.

며칠 전에 저는 차를 타고 가다가 참 감격스러운 장면을 보았습니다. 바로 우리 교회에 나오는 어떤 형제에 관한 이야기입니다. 그 형제의 직업은 자동차를 닦아 주는 세차업입니다. 추우나 더우나 하루 종일 장갑을 끼고 자동차에 걸레질을 하는 힘든 직업입니다. 그가 살고 있는 집은 옥상에 있는데 창문도 없는 조그마한 성냥갑 같은 방입니다. 거기에서 아내와 함께 살고 있습니다. 이제 자녀도 생겼습니다. 그런데 그 세차하는 형제를 우리 집사람이 전도를 했습니다. 지금 7, 8개월 동안 교회 출석을 참 잘합니다. 그리고 믿음이 굉장히 자랐어요. 찬송가도 멋지게 불러요. 그 부인도 참 믿음이 좋습니다. 그런데 제가 차를 타고 가다가 참 아름다운 장면을 보았습니다. 그 세차장 구석에다 찌그러져 가는 나무의자에서 그 부부가 너무나 행복하게 서로 쳐다보고 웃으며 뭔가 이야기를 하고 있는 장면입니다. 부인이 햇볕에 까맣게 그을린 얼굴로 아기를 안고 남편을 쳐다보며 얼마나 행복하게 웃고 소근거리는지 제가 차를 타고 가다가 속도를 늦추고 가만히 보았습니다. 값비싼 화장품을 바른 다른 부인의 얼굴에 없는 만족한 웃음이 그 형제의 부인에게 있었습니다. 자동차를 굴리면서 많은 사람들로부터 존경을 받고 다니는 남자의 얼굴에 없는 만면의 자족이 그 형제에게 있는 것을 제가 보았습니다. 바로 그것입니다. 세차를 하는 것이 무슨 상관입니까? 그 가운데서 감사할 조건을 찾아서 자족할 수만 있다면 그 사람이 참 행복한 사람입니다.

셰익스피어(William Shakespeare, 1564~1616)가 쓴 《헨리 6세》라고 하는 희곡 가운데 이런 말이 있습니다.

"나의 왕관은 머리에 있지 않고 나의 가슴속에 있도다. 그것은 만족
이라고 불리는 왕관, 도대체 몇 명의 임금이 이 왕관을 써 보았을꼬."

고통에는 뜻이 있다

왕관을 쓰고 왕좌에 앉아 있어도 감사의 조건을 찾지 못하는 왕은 불행한 왕입니다. 그러나 아무리 어려운 환경이더라도 그 가운데서 감사의 조건을 찾아서 감사하고 바울처럼 기뻐하고 자족할 수만 있다면 그 사람은 마음의 왕관을 쓰고 왕좌에 앉아 있는 행복한 왕입니다. 당신에게 이러한 감사의 조건을 찾는 눈이 있습니까? 이 능력이 있습니까?

저에게는 가끔 외국에 다녀올 기회가 있습니다. 이것은 제가 재미 교포들 세계에서 본 이야기입니다. 교포들이 남의 나라 땅에 가서 갖은 고생을 다하여 돈을 벌면 먼저 저택을 사고 캐딜락이나 벤츠 같은 아주 좋은 자동차를 마련하는 것을 봅니다. 이제는 한시름 놓고 남들 보라는 듯이 살아 보자는 욕심에서 그렇게 합니다. 얼마 전에 제가 그런 분의 초대를 받은 적이 있습니다. 으리으리한 저택에서 여러 가지로 융숭한 대접을 받았습니다. 나중에 제가 그 집을 나올 때 남자 분을 쳐다보며 "어때요, 이제 만족하세요?"라고 물어보았습니다. 그는 "목사님도, 만족이 뭐예요. 이거 내놓은 집인데 빨리 누가 와서 사기만 하면 그만 팔아 버리고 방 몇 개 있는 아파트로 가서 살고 싶어요. 저택이 무슨 소용이 있어요? 캐딜락을 타면 뭐해요? 다 귀찮아요"라고 대답했습니다. '이 사람이 이제 무언가를 깨달았구나'라는 생각이 들었습니다.

우리는 흔히 만족의 조건을 밖에서 찾으려고 합니다. 그런 까닭으로 남의 손에 있는 것이 더 아름답고 더 크게 보이기도 합니다. 그리고 자기와 다른 사람을 자꾸 비교하기도 합니다. 그런데 이런 사람은 참 어리석은 사람입니다. 왜 손해 보는 짓을 하고 있습니까? 왜 바깥 환경을 가지고 행복한가 불행한가를 판단합니까? 행복은 어떤 환경에서든지 자기가 감사의 조건을 찾느냐 찾지 못하느냐에 달려 있습니다. 우리 주님은 무엇이라고 말씀하십니까? 자기를 믿음으로 바라보는 자는 어떤 환경에 처하든지 그 환경에서 감사의 조건을 찾을 수 있다고 말씀하십니다. 모래성에서 한 알의 다이아몬드를 찾아낼 수 있는 눈을 허락해 주신다는 말입니다. 이것이 주님의 능력입니다.

당신은 이 주님의 능력을 아십니까? 이 능력을 가지면 우리가 살고 있는 아파트가 5평이든 10평이든 상관없습니다. 자동차를 가지고 있든 안 가지고 있든 상관없습니다. 그런 것이 문제가 아닙니다. 주님이 주시는 능력만 있으면 지금 몸담고 있는 환경에서 다이아몬드를 찾는 눈이 열립니다. 그 속에 자족이 있습니다. 그 속에 기쁨이 있습니다. 주님이 주시는 능력은 바로 이런 것입니다.

우리를 도우시는 주님의 능력

바울이 말하는 세 번째 능력은, 어떤 환경에서든지 자기를 돕는 분은 예수 그리스도라는 사실을 분명히 확인할 수 있는 능력입니다. 우리를 안심하고 살 수 있도록 하는 분은 예수 그리스도일 뿐 돈도 아니요, 환경도 아니요, 어떤 사람도 아니라는 것을 믿는 능력입니다. 히브리서 13장 5-6절 말씀을 보십시오.

> 돈을 사랑하지 말고 있는 바를 족한 줄로 알라 그가 친히 말씀하시기를 내가 결코 너희를 버리지 아니하고 너희를 떠나지 아니하리라 하셨느니라 그러므로 우리가 담대히 말하되 주는 나를 돕는 이시니 내가 무서워하지 아니하겠노라 사람이 내게 어찌하리요 하노라
>
> _히 13:5-6

우리의 생을 마치는 순간까지 우리를 인도하시는 이는 주님입니다. 필요할 때마다 우리에게 공급하시는 이는 주님입니다. 약할 때 강하게 하시는 이는 주님입니다. 이 모든 것을 분명히 확인하고 믿으며 고백하는 능력, 이것이 바울이 말하는 일체의 비결입니다.

또 바울은 자족하는 비결을 배웠다고 했습니다. 주님이 주시는 능력을 받으면 어떤 환경에서도 자족할 수 있다는 그 비결은 경험에서 얻은 확신이었습니다. 그러면 주님이 주시는 능력이란 구체적으로 어떤 것입니까?

첫째는 환경에 매이지 아니하는 능력, 둘째는 어떤 환경에서든지 감사의 조건을 찾아낼 수 있는 능력, 셋째는 어떤 환경에서든지 오직 주님을 바라보고 나를 도우시는 자는 주님뿐이라고 고백할 수 있는 능력입니다. 이 능력을 우리 주님께서 주시는 것입니다.

자기에게 주어진 환경에서 최대의 행복을 구가할 수 있는 능력을 소유합시다. 그 능력으로 자족한다면 우리를 따라올 자가 누가 있습니까? 우리가 부러워해야 할 사람이 세상에 어디 있습니까?

예수님을 믿는 우리를 보고 세상 사람들이 부러워할 수 있도록 자족하는 능력을 소유합시다.

15

위대한
인간승리

형제를 사랑하고 용서하며 자비를 베푸십시오.
진정 자기의 마음을 지키는 위대한 승리자가 될 것입니다.
어떤 사람도 당신을 불행하게 만들 수 없는, 당신 자신만의 행복을 갖게 될 것입니다.

창세기 50:15-21

15 요셉의 형제들이 그들의 아버지가 죽었음을 보고 말하되 요셉이 혹시 우리를 미워하여 우리가 그에게 행한 모든 악을 다 갚지나 아니할까 하고 16 요셉에게 말을 전하여 이르되 당신의 아버지가 돌아가시기 전에 명령하여 이르시기를 17 너희는 이같이 요셉에게 이르라 네 형들이 네게 악을 행하였을지라도 이제 바라건대 그들의 허물과 죄를 용서하라 하셨나니 당신 아버지의 하나님의 종들인 우리 죄를 이제 용서하소서 하매 요셉이 그들이 그에게 하는 말을 들을 때에 울었더라 18 그의 형들이 또 친히 와서 요셉의 앞에 엎드려 이르되 우리는 당신의 종들이니이다 19 요셉이 그들에게 이르되 두려워하지 마소서 내가 하나님을 대신하리이까 20 당신들은 나를 해하려 하였으나 하나님은 그것을 선으로 바꾸사 오늘과 같이 많은 백성의 생명을 구원하게 하시려 하셨나니 21 당신들은 두려워하지 마소서 내가 당신들과 당신의 자녀를 기르리이다 하고 그들을 간곡한 말로 위로하였더라

위대한
인간 승리

　　　　　구약에서 가장 극적인 인생을 산 사
람을 꼽으라면 요셉을 들 수가 있습니다. 요셉은 열일곱 살 때에 형제
들의 질투와 모함을 받아서 노예로 애굽에 팔려 갔습니다. 그로부터
십 년이 지난 스물일곱 살 때에 주인으로 모시고 있던 사악한 여인의
모함을 받아서 감옥에 들어가는 최악의 상황을 맞이하게 됩니다. 감옥
에서 2, 3년을 지난 후 서른 살 때에 하나님께서 그를 들어 애굽 나라
의 총리로 삼으셨습니다. 그리고 애굽의 총리로서 수고하던 서른아홉
살 때에 자기를 노예로 팔았던 그의 형제들을 뜻밖에 만나게 됩니다.
그리고 아버지도 만나게 되는데, 그때 요셉은 부모 친지들을 모두 애
굽으로 불러서 기름진 고센 땅에서 같이 살도록 자비를 베풀었습니다.

　　요셉의 나이 쉰여섯 살 때에 그의 아버지 야곱이 세상을 떠났습니
다. 야곱이 세상을 떠나자마자 남아 있는 요셉의 형제들은 몹시 불안
에 떨었습니다. '요셉이 아버지의 마음에 고통을 주지 않으려고 우리
를 용서한 것이 아닐까? 아버지가 세상을 떠난 후 형제들에게 복수를
하지 않을까?' 하고 근심을 한 것입니다. 그리하여 그들은 궁리 끝에

사람을 보내기로 했습니다. 아우 베냐민을 요셉에게 보내어 아버지가 살아 계실 때 형들의 잘못을 용서해 주라고 명령하셨으니 자기들을 용서하여 달라고 하소연을 했습니다. 형제들은 그래도 마음이 놓이지 않아 그들 모두 요셉을 찾아가 요셉 앞에 엎드려서 자기들의 죄를 용서해 달라고 빌었습니다.

그때 요셉은 울었습니다. 왜 울었을까요? 심리학자가 보는 견해가 다를 것이요, 문학자들이 보는 견해가 다를 것이며, 신앙인들이 보는 견해가 다를 것입니다. 하여튼 요셉은 대단히 의미 깊은 눈물을 흘렸습니다. 이윽고 요셉은 형들을 다음과 같이 위로했습니다.

"내가 하나님을 대신하겠습니까? 원수 갚는 것은 하나님의 손에 있고 나를 이 땅에 보내신 것도 하나님의 손에 있거늘 내가 하나님을 대신해서 당신들에게 어떻게 하겠습니까? 하나님이 악을 변하여 선으로 우리에게 갚아 주셨으니 형님들이여 두려워하지 마소서. 내가 당신들의 자녀들까지 맡아서 길러 드리리이다."

○ ○ ○ ○ ○ ○ ○ ○ ○
자기를 지킨 승리자, 요셉

요셉이 애굽의 종으로 팔려 와서 비참하게 지내는 동안 어떻게 그가 형제들에 대해 끓어오르는 분노와 복수심을 다스릴 수 있었을까요? 어떻게 그가 자신을 지키며 자기 파멸의 구렁텅이에서 헤어날 수 있었을까요? 요셉은 형제들을 만난 다음에 아버지와 함께 살면서 형제들의 모습을 볼 때마다 옛날의 분하고 억울했던 기억이 생각났을 것입니다. 그때마다 그 원망스러운 감정을 그가 어떻게 자제하며 17년을 견뎠을까요?

조용히 눈을 감고 요셉이라는 사람을 생각해 보면 그는 절대로 평범한 사람이 아니었습니다. 만약 요셉이 분노를 참지 못하고 울분과 원망과 복수심에 이글이글 불타면서 제멋대로 인생을 살았다면 그는 노예 생활을 하는 13년 동안 벌써 자기를 파멸로 이끌어 갔을 것입니다. 더욱이 무서운 유혹이 그를 사로잡으려고 했을 때 자포자기하고 헌신짝처럼 자기의 생을 내던져 버렸을 것입니다.

그러나 요셉은 그러한 삶을 살지 않았습니다. 요셉은 평안의 사람이었습니다. 신념의 사람이었습니다. 자기의 존엄성을 포기하지 않는 사람이었습니다. 감옥에 들어가서 쇠고랑을 차고 있었지만 절대로 천해 보이는 사람이 아니었습니다. 교만해 보이는 사람도 아니었습니다. 남이 지니지 못하는 놀라운 마음의 평안과 자신을 지키는 놀라운 능력을 가진 사람이었습니다. 어떻게 그것이 가능할 수 있었을까요?

"모든 지킬 만한 것 중에 더욱 네 마음을 지키라 생명의 근원이 이에서 남이니라"(잠 4:23). 마음을 지키는 데 성공한 사람은 위대한 승리자입니다. 마음을 지킬 수 있는 능력을 가진 사람은 이 세상에서 가장 강한 사람입니다. 그 사람의 생명의 축복이 자기 마음을 지키는 데서 나옵니다. 요셉은 바로 그런 사람이었습니다.

요즘 사람들을 만나 대화를 해 보면 인간관계로 인하여 고민하는 사람을 많이 보게 됩니다. 예를 들어 부모를 잘못 만나서 자기가 불행하다고 원망하는 자녀, 자식이 부모의 꿈을 산산조각 내버렸다고 자식을 원망하는 부모, 자신의 행복을 상대가 망쳤다고 원망하는 부부, 모든 것을 믿고 재산을 맡겼으나 배신해 버린 친구, 자기의 모든 명예를 걸고 도와주었으나 갑자기 원수가 된 인간관계로 인하여 잠을 자지 못하고 고통 속에서 괴로워하는 모습들을 우리 주변에서 많이 보게 됩니다.

사람을 가장 해치는 자가 누구입니까? 사자도 아니고 호랑이도 아닙니다. 사람입니다. 인간관계만큼 어렵고 힘든 것이 없습니다. 인간관계는 낫으로 가시밭길을 헤치는 것과 같습니다. 아무리 가시를 자르면서 조심을 많이 해도 자기도 모르는 사이에 손이 찔리고 피가 흐르는 것처럼 아무리 조심하고 지혜를 다해서 노력해도 자기도 모르는 사이에 찔리고 피가 나고 상처가 생기는 것이 인간관계입니다.

인생을 사는 데 있어서 인간관계만큼 힘들고 어려운 것이 없습니다. 그래서 본의 아니게 다른 사람을 해치는 일도 있고 다른 사람이 자신을 해치는 일도 있습니다. 자기 때문에 다른 사람이 고통을 당하게 되는 일이 있는가 하면 다른 사람 때문에 자기가 정신적으로, 육체적으로 병들어 버리는 극단적인 상황을 맞이하기도 합니다.

세상이 살기 힘들다고 하는 말이 많이 나올수록 인간관계는 더욱더 사나워진다고 할 수 있습니다. 이것은 다른 사람 때문에 자신의 행복을 빼앗긴다는 생각이 자신도 모르는 사이에 마음에 뿌리를 박는 것입니다. 그래서 자기의 불행과 고통은 자신의 탓이 아니고 다른 사람의 탓이라고 생각하게 됩니다.

그러나 요셉이 우리에게 교훈해 주는 것이 있습니다. 불행은 종종 타인의 탓이라기보다 자기의 탓이 될 수 있다는 것을 가르쳐 주고 있습니다. 자기의 행복을 빼앗아 가는 것은 다른 사람이 아니라 나 자신이라는 것을 요셉은 경고하고 있습니다.

다른 사람을 향해 늘 분노와 울분과 복수심으로 뭉쳐진 무서운 다이너마이트를 가슴에 품고 산다면 그 사람은 어떤 사람이 될까요? 그는 마음에 무거운 짐을 지고 사는 사람이 됩니다. 정신적으로 극도의 피곤을 느끼는 사람이 되어 버립니다.

육체가 피곤한 것은 목욕을 하거나 휴식을 취하면 풀리지만 마음에 무거운 짐을 져서 피곤한 것은 풀 길이 없습니다. 분노와 적의감과 울분과 복수심 때문에 마음을 지키는 능력마저 전부다 빼앗겨 버립니다. 자기를 주체하지 못하는 약자가 되어 버립니다. 타인을 향하던 원망과 분노의 화살이 나중에는 자기 자신에게 되돌아옵니다. 종내에는 생을 살 수 있는 의욕마저 빼앗겨 버리고 맙니다. 이런 사람은 자신을 망쳐 버린 적이 다름 아닌 자기 자신임을 뒤늦게 알게 됩니다.

만약에 요셉이 자기 스스로를 주체하지 못하고 자포자기했다면 오늘날 성경에서 위대한 요셉을 찾아볼 수 없을 것입니다. 요셉은 인간 본능적인 복수의 감정을 누르고 자기를 지킨 사람이었습니다.

어떤 여인의 이야기입니다. 학교에서 공부를 같이했기 때문에 제가 아끼던 사람입니다. 또 신앙인이었습니다. 그녀는 명문 여대 출신으로 영어를 잘했습니다. 좋은 직장에 들어가서 많은 외국인들 틈에서 인기를 독차지하던 여성입니다. 인물도 좋습니다. 그러나 20년이 지난 후 다시 만났을 때 그녀는 한마디로 폐인이나 다름없는 여인이 되어 있었습니다. 자살하려고 약을 몇 번이나 먹었고 과거에 자기를 질투하고 모함하던 어떤 사람 때문에 자기의 인생을 망쳤다고 생각하는 피해 의식으로 가득 찬 여인이었습니다. 이제는 무엇이 옳고 그른가를 분별할 수 있는 판단력도 상실해 버린 것 같았습니다.

누가 그를 그토록 비참하게 만들었습니까? 그녀 자신이었습니다. 자기 생의 목을 졸라 맨 자살자였습니다. 자기의 불행이 다른 사람의 탓이라고 생각하는 은근한 피해 의식이 많은 사람들의 가슴속에 숨어 있습니다. 그래서 분노합니다. 원망합니다. 울분을 갖고 삽니다. 이것은 자기 자신을 망치는 일입니다. 자기가 자기를 망치는 일입니다.

설령 다른 사람이 자기에게 어떤 해를 끼쳐서 어려움을 당했다고 한다면 그 사람 때문에 자기가 망해서는 안 됩니다. 자기가 자기를 지킬 수 있어야 합니다. 어떤 원망도 분노도 자신을 해치지 못하도록 막아야 합니다. 이것이 강한 자요, 승리자입니다.

다른 사람이 자기의 가슴에 비수를 꽂았는데 그 비수를 뽑아내지는 않고 두 손으로 그것을 움켜쥐고 더 깊이 밀어 넣는 사람은 어리석은 사람입니다. 그 사람은 스스로 생명을 끊는 사람입니다. 마찬가지로 다른 사람이 자기에게 해를 끼쳐서 어려움을 당했다고 할 때, 자기가 자신의 감정을 다스리지 못하면 도리어 자신을 더 망치는 사람이 됩니다. 우리 인간의 대부분의 불행은 자기 스스로 불러들이는 것입니다.

> 노를 품는 자와 사귀지 말며 울분한 자와 동행하지 말지니 그의 행위
> 를 본받아 네 영혼을 올무에 빠뜨릴까 두려움이니라_잠 22:24-25

마음에 분노를 품고 사는 사람, 마음에 울분을 삭히지 못하고 사는 사람은 어리석은 사람입니다. 왜냐하면 나중에 자기를 망치는 무슨 행동을 할지 모르기 때문입니다. 그러므로 이런 사람과 동행을 했다가는 나중에 똑같이 망할 위험이 있습니다. 이 때문에 노를 품는 자와는 아예 다니지도 말고 사귀지도 말라고 합니다. 당신의 마음속에 이와 같은 분노가 있습니까? 당신의 마음속에 이와 같은 울분이 있습니까? 자기를 해치는 일입니다. 자기의 행복을 파괴하는 일입니다. 요셉처럼 이것을 다스릴 수 있어야 합니다.

○ ○ ○ ○
섭리신앙

마음은 어떻게 다스릴 수 있습니까? 요셉은 세 가지 비결을 우리에게 가르쳐 주었습니다.

첫째로, 하나님의 섭리신앙입니다. 요셉은 섭리신앙을 통해서 자

기를 다스렸습니다. 섭리신앙이 무엇입니까? 좋은 일이든 나쁜 일이든 모두가 하나님의 뜻에 따라 일어난다고 믿는 것입니다. 우연이란 존재하지 않는다는 신앙입니다. 요셉이 그러한 삶을 살았습니다. 하나님이 왜 자기를 불행한 상황 속에서 고통을 당하게 하시는지 그는 알 수 없었지만 한 가지 믿는 것이 있었습니다. 하나님께서 자기를 향해 어떤 뜻을 가지고 계신다고 믿었습니다. 요셉이 그 믿음을 가졌기 때문에 30년 동안 어렴풋이 보이던 하나님의 뜻을 드디어 발견하고 형님들에게 "형님이여, 나를 애굽에 보낸 것은 당신들이 아니요, 하나님입니다"라고 말할 수 있었던 것입니다(창 45:8 참조). 이것이 섭리신앙입니다.

"사람의 걸음은 여호와로 말미암나니 사람이 어찌 자기의 길을 알 수 있으랴"(잠 20:24). 하나님께서는 우리의 걸음걸음을 다 정하고 계십니다. 그러므로 요셉이 애굽에 노예로 팔린 것도 철저하게 하나님의 뜻이라고 그는 믿었습니다.

당신도 이와 같이 생각할 수 있습니까? 당신은 지금 울분을 삼키고 있는 그 사람의 배후에 서 계시는 하나님을 볼 수 있습니까? 손해를 보고 망했다고 생각하는 어떤 사건 뒤에 하나님의 보이지 않는 손길이 있다는 것을 생각할 수 있습니까? 이것을 믿을 수 있다면 당신은 섭리신앙을 가진 사람입니다. 그러므로 눈에 보이는 인간을 원망하지 않습니다. 눈앞에 일어난 어떤 사건을 원망하지 않습니다. 섭리신앙을 가지면 우리를 향해서 뜻을 갖고 인도하시는 하나님, 그분을 바라보는 눈이 열리기 때문에 참을 수 없는 손해도 견딜 수 있고 해를 끼치는 사람들에 대해서도 넓은 마음을 가질 수가 있습니다.

친구 목사 부인이 갑자기 세상을 떠나서 장례식에 참석했을 때의 일입니다. 많은 사람들이 모여서 눈물을 흘리고 슬퍼하는 자리에서

곰곰히 생각해 보았습니다. 하나님이 왜 그러실까? 정말 알 수가 없었습니다. 부인은 여고에서 교편을 잡으면서 캠퍼스를 통해서 많은 후배들에게 그리스도를 증거하는 아름다운 여인이요, 목사의 부인이었습니다. 갓 마흔을 넘긴 나이에 주일날 예배를 마치고 나오다가 쓰러졌습니다. 하나님이 데리고 갔습니다. 왜 이런 일이 일어나야만 합니까? 아무리 생각하고 생각해도 알 수가 없습니다. 그러나 우리의 눈이 거기에서 멈추면 안 됩니다. 우리는 그 비극 속에서도 하나님의 손길이 어떻게 역사하시는가를 바라보아야 합니다. 이것이 하나님의 섭리를 믿는 신앙인의 태도입니다.

스위스 정신의학자 투르니에(Paul Tournier, 1898~1986)는 다음과 같은 참 의미 있는 말을 남겼습니다. "기독교는 자신의 십자가를 단순히 지고 가라고만 가르치는 것이 아니라 오히려 기쁘게 지고 가라고 가르친다. 기독교는 단순히 자기의 운명을 받아들이라고만 가르치는 것이 아니라 오히려 자기의 운명에 대해서 아무리 그것이 가슴 아픈 일이라고 할지라도 사랑하라고 가르친다. 자기의 운명을 사랑하고 자기 십자가를 지고 기쁘게 걸어가라고 기독교는 가르친다." 투르니에의 이 말은 하나님의 섭리를 믿는 신앙에서 나온 것입니다.

불행에 빠질 때 원망스런 눈으로 주변 사람을 보지 말고 그 배후의 하나님을 바라보십시오. 자기에게 비극을 안겨 주었다고 하는 사건을 보지 마십시오. 그 배후의 하나님을 바라보십시오. 그리하면 자기를 억누르던 분노와 울분과 고통은 사라지게 됩니다. 당신도 요셉처럼 하나님을 바라보고 마음의 평안을 누리는 사람이 될 수 있습니다.

자기를 위한 용서

요셉에게서 배울 수 있는 마음을 다스리는 두 번째 비결은 '용서하는 자만이 자기를 지킬 수 있는 승리자가 된다'입니다.

요셉은 자기를 노예로 팔았던 원수와 같은 형제들을 용서했습니다. 완전히 용서했습니다. 용서는 다른 사람을 위한 것이 아니라 자기를 위한 것입니다. 용서를 해야 되는 것은 용서받는 상대방 때문이 아니라 자기 때문이라는 것을 알아야 합니다. 하나님의 자녀는 용서하지 않으면 마음의 평안을 잃게 됩니다. 하나님의 자녀가 용서하지 않는 것은 자기가 자기를 망치는 자살행위와 같습니다. 그리스도인이 마음의 분노와 고통을 안고서는 행복을 누릴 수가 없습니다. 찬송이 나올 수 없습니다. 그러므로 용서는 자기를 위한 것입니다.

자기를 위한 용서를 하는 데 필수불가결한 요소가 있습니다. 그것은 자기에게 잘못을 범한 형제에 대한 분노와 원망을 먼저 하나님 앞에 고백하고 회개하는 것입니다. 그러지 않으면 형제를 진정으로 용서할 수 없습니다. 자기 자신이 옳다고 생각하는 사람은 절대로 남을 용서하지 못합니다.

교회 안에 많은 사람들 중에 이와 같은 자세를 고치지 못하는 사람들이 있습니다. 자기가 옳다고, 의롭다고 생각하기 때문에 잘못하는 형제들에 대해서 원망을 합니다. 이런 마음으로는 절대로 형제를 용서할 수 없습니다.

하나님 외에 옳은 자가 누가 있습니까? 하나님 외에 완전한 자가 어디에 있습니까? 잘못한 자에 대해서 분노하고 원망하는 마음은 하나님 앞에서 잘못입니다. 그것을 먼저 회개하십시오! 회개하면 자신도 모르게 다른 형제들을 용서하는 능력을 얻게 됩니다.

우리에게 이런 경험이 있습니다. 친구들과 같이 모여서 토론을 하다 보면 어떤 때는 싸움이 일어납니다. 분명히 자기의 주장이 옳은데 친구가 그의 자존심 문제로 잘못을 인정하지 않기 때문에 나중에는 다툼이 일어납니다. 서로가 기분이 상해 헤어집니다. 집으로 돌아오는 발걸음이 무겁고 마음은 괴롭습니다. 그래서 차를 타고 가다가 다시 내려서 되돌아가는 차를 타고 친구를 찾아갑니다. 그리고 그에게 "너의 마음을 아프게 해서 미안해. 용서해라"라고 말하면 그 친구는 너무나 미안하고 쑥스러워서 눈물을 글썽이면서 "아니야, 내가 잘못했어. 내 자존심을 꺾기 싫어서 일부러 그런 거야. 용서해 줘"라고 용서를 빕니다. 그러면 두 사람의 마음에 기쁨이 일어납니다. 놀라운 기쁨과 놀라운 평안이 두 사람의 마음을 강하게 사로잡게 됩니다.

화평을 의논하는 자에게는 희락이 있느니라_잠 12:20

진정으로 용서하고 용서받는 그 자리에는 기쁨이 넘칩니다. 요셉은 이것을 알았습니다. 그래서 자기를 위하여 형제를 용서했습니다. 자기가 자기를 해치지 않기 위하여 형제를 용서한 것입니다. 자기 스스로가 불행해지지 않기 위하여 형제를 용서한 것입니다.

당신에게 진정으로 용서하지 못한 형제가 있습니까? 당신을 불행하게 만들었다고 생각되는 사람이 있습니까? 하나님 앞에 분노의 감정, 그 자체를 고백하십시오. 그리고 회개하십시오. 자기를 완전히 죽이고 용서하십시오. 이것이 요셉이 우리에게 주는 교훈입니다.

형제 사랑

요셉이 가르쳐 주는 마음을 다스리는 비결 세 번째는 '사랑을 베푸는 것'입니다. 요셉은 자비를 베푸는 것으로 자기 자신을 지킬 수 있었습니다. 그는 원수 같은 형제들을 용서해 줄 뿐 아니라 일생 동안 먹여 살리고 그 후손들까지 책임지고 돌보아 주겠다고 약속했습니다. 요셉은 무한한 사랑과 자비를 베풀었습니다.

유명한 성 프랜시스(Francis, 1181-1226)의 기도를 기억하십니까? 훌륭한 문인의 솜씨와는 다르지만 다음은 직접 번역한 것입니다.

주여, 나를 당신의 평화의 도구로 삼아 주시옵소서

미움이 있는 곳에 사랑을 심게 하옵소서

잘못이 있는 곳에 용서를 심게 하옵소서

불화가 있는 곳에 화평을 심게 하옵소서

의심이 있는 곳에 믿음을

그릇됨이 있는 곳에 진리를

절망이 있는 곳에 소망을

어두움이 있는 곳에 당신의 빛을

슬픔이 있는 곳에 기쁨을 심게 하옵소서

오 주여

위로하는 것만큼 위로를 받으려 하지 말게 하옵소서

이해해 주는 것만큼 남에게 이해를 받으려 하지 말게 하옵소서

사랑해 주는 것만큼 남으로부터 사랑을 받으려 하지 말게 하옵소서

왜냐하면 받는 것은 곧 주는 데 있고

우리 자신을 발견하는 것은 곧 잊어버리는 데 있사오며

위대한 인간 승리

●

우리들은 세상 사람들과 근본적으로 다릅니다. 예수님처럼 하나님의 섭리를 보는 눈을 뜹시다. 예수님은 십자가를 앞에 놓고도 아버지의 뜻이면 십자가를 지기를 원한다고 하셨습니다. 하나님의 섭리에 순종하여 불행이나 고통의 길도 기쁘게 따라가기를 원하시던 분이 우리 주님입니다. 또한 구약시대의 요셉입니다. 우리도 이와 같은 삶을 살 수가 있습니다.

자신의 운명을 사랑하십시오. 자신의 실패도 사랑하십시오. 그것을 통해서 하나님께서 당신을 만들고 계십니다.

악을 선으로 갚으시는 하나님의 손길이 오늘도 우리를 향해서 뜨겁게 역사하고 있습니다. 형제를 사랑하고 용서하며 자비를 베푸십시오. 그럴 때에 마음에 평안이 넘치고 진정 자기의 마음을 지키는 위대한 승리자가 됩니다. 어떤 사람도 당신을 불행하게 만들 수 없는, 당신 자신만의 행복을 가질 수 있습니다. 이것이 예수님을 믿는 사람의 특권입니다. 우리도 요셉처럼 멋진 승리자가 됩시다. 위대한 인간 승리, 이것은 요셉과 같은 참된 신앙인에게서만 볼 수 있는 기쁨이요 자랑입니다. 이 승리 때문에 우리의 고통에도 값진 뜻이 있는 것입니다.

국제제자훈련원은 건강한 교회를 꿈꾸는 목회의 동반자로서 제자 삼는 사역을 중심으로
성경적 목회 모델을 제시함으로 세계 교회를 섬기는 전문 사역 기관입니다.

고통에는 뜻이 있다

초판 1쇄 발행 1983년 10월 5일
개정판 67쇄(130쇄) 발행 2024년 10월 22일

지은이 옥한흠

펴낸이 오정현
펴낸곳 국제제자훈련원
등 록 제2013-000170호 (2013년 9월 25일)
주 소 서울시 서초구 효령로68길 98 (서초동)
전 화 02.3489.4300
팩 스 02.3489.4329
이메일 dmipress@sarang.org

ISBN 89-88850-42-8 03230

＊ 책값은 뒷 표지에 있습니다. 잘못된 책은 구입하신 곳에서 교환해드립니다.
＊ **디자인** 표지: 박세미 | 내지: 참디자인 (02.3216.1085)